박진수 지음

머리말

   나는 컴퓨터와 관련된 도서를 전문적으로 집필하는 일을 한다. 이 직업을 '테크니컬 라이터(technical writer)'라고 부르며, 내가 이 일을 시작한 지도 벌써 5년이 다 되어 간다.

   처음 내 이름으로 된 책이 출판되어 나왔을 때의 감동을 잊을 수가 없다. 마치, 산모가 첫 아기를 낳는 느낌이 이런 것이 아닐까 하는 생각이 드는 그런 감동이었다.

   그 후로 지금까지 여러 권을 출판하였다. 그동안 나는 옥동자도 낳았고, 못생긴 아이도 낳았다. 인기 있는 아이도 있었고, 그렇지 못한 아이도 있었지만 내게는 모두 소중한 아이들이었다.

   아이를 낳는 일을 뜻하는 출산과 책을 펴내는 일을 뜻하는 출판은 모두 '낳을 출(出)' 자를 쓰고 있다. 출산 경험이 많은 산모가 예비 엄마들에게 이것저것 조언을 해 주듯이, 난 여러 출판 경험으로 얻은 나의 지식을 예비 저작자들에게 알려주고 싶었다.

   내가 알게 된 내용 중에는, 책이나 인터넷으로는 쉽게 접하기 힘든 정보가 있다. 이런 것들이 저작자에게 아주 소중하다고 생각한다. 처음 까막눈인 상태로 출판계를 휘젓고 다닐 때 난 정말 막막했고, 속고 있는 것은 아닌지, 계약을 잘못하고 있는 것은 아닌지 등을 끊임없이 생각해야 했다.

  저술 경험이 5년에 이르게 되면서 이제야 눈을 뜬 느낌이다. 지금 내가 알고 있는 것을 미리 알았더라면, 지난 5년이 훨씬 행복했을 것이라고 생각한다. 예비 저작자인 여러분에게 바로 이 행복을 안겨주고 싶다.

  시행착오는 사람을 무척 힘들게 만든다. 저작자 여러분은 이것을 피하여 지름길로 가기 바란다. 나는 이 지름길을 알기 쉽도록, 저작자에게 맞게 이 책에 간추려 두었다.

  출판계에 근무하는 사람들 중 대다수는 사명감을 가지고 근무하며 신사적이고 훌륭한 사람들이다. 그러나 극단적으로 이익만을 추구하여 저작자들을 울리는 저속한 출판업자 또한 극히 일부라도 존재하는 것이 사실이다. 나는 이런 출판업자들로부터 저작자의 권리를 보호하는 방법도 이야기할 것이다.

  이 책의 필요성을 인정하고 이 책을 펴낼 수 있게 해준 도서출판 이치의 조승식 사장님께 감사드린다. 많은 조언을 통해서 충실한 원고가 마련될 수 있도록 해준 데 대해 더없는 고마움을 표한다. 그 밖에 도움을 주신 모든 분들께도 감사드린다.

2006년 11월

차 례

0. 둘러보기 _ 07
1. 원고 작성하기 _ 11
   출판 이야기 1 – 저작에 꼭 필요한 도구 _ 29
2. 자료의 인용 방법과 주의할 점 _ 30
   출판 이야기 2 – 출판사들이 모여 있는 곳 _ 39
3. 번역 원고 작성 _ 40
   출판 이야기 3 – 해설자가 필요해 _ 46
4. 출판사 섭외와 출판 제안 _ 47
   출판 이야기 4 – 알음알음 서로 잘 아는 출판계 _ 59
5. 자비 출판 _ 60
   출판 이야기 5 – 블로그 출판 _ 63
6. 책의 발행 _ 64
   출판 이야기 6 – 약한 자여, 그대 이름은 '출판사' _ 69
7. 책의 유통 _ 70
   출판 이야기 7 – 베스트셀러의 분류법 _ 80
8. 저작권의 개요 _ 81
   출판 이야기 8 – 너무 보수적인 교수님 _ 92
9. 출판 계약의 종류 _ 93
10. 출판 계약을 맺기 전에 알아둘 것 _ 102
    출판 이야기 9 – 관행과 법 _ 112

11. 시기와 관련된 계약 조항들 _ 113
    출판 이야기 10 – 끝이 없는 교정 _ 119
12. 인세 산정 방식 _ 120
    출판 이야기 11 – 출판이 제조업? _ 133
13. 인세 지급 시기와 방식 _ 134
    출판 이야기 12 – 선불금 _ 142
14. 권리와 관련된 계약 조항들 _ 143
    출판 이야기 13 – 칼 질 _ 150
15. 출판사의 불법 행위 _ 152
    출판 이야기 14 – 기획을 훔치는 출판사,
                  글을 훔치는 저자 _ 161
16. 출판 계약의 해지와 갱신 _ 163
    출판 이야기 15 – 불가근불가원 _ 170

0. 둘러보기

저작자에게 꼭 필요한 지식

 '저작자'란 저작물을 만든 사람을 말한다. 저작물은 소설이나 시 또는 수필이나 설명문이 담긴 원고가 될 수도 있고, 사진작품이나 음악 작품 또는 미술품들이 될 수도 있다. 따라서 저작자에는 소설가, 시인, 시나리오 작가, 비소설 작가, 사진작가, 작곡가가 모두 포함된다. 지금 현재 무슨 일을 하고 있든지, 자신의 지식과 경험 그리고 재능을 살려 저작물을 만드는 사람은 모두 저작자이다.

 그 중에서도 특별히 자신의 저작물을 책으로 펴내고자 하는 사람들과 이미 책을 써 본 경험이 있는 사람들을 이 책의 대상으로 하고 있다. 즉, 어떤 저작물이든지 그것을 책으로 엮어 내고자 하는 사람과 이미 책을 펴내 본 경험이 있는 저자를 대상으로 하는 것이다.

 누구나 자기 이름이 새겨진 '자기 책'을 출판사를 통해 출판하고 싶은 마음만 있다면, 이 책이 도움이 될 것이다. 문학 작품이든, 기술 서적이든, 아동 도서이든 상관없이 출판의 절차는 동일하다. 아이의 모양에 상관없이 아이 낳는 과정이 똑같듯이 말이다. 전문 서적을 출판하고 싶은 대학 교수이든, 인터넷 소설을 펴내고 싶은 예비 저작자이든 상관없다. 산모가 뚱뚱하든, 홀쭉하든 상관없이 아이를 낳는 절차는 똑같기 때문이다.

이 책이 제공하는 정보는 '자기 책을 출판사를 통해서 펴내고 싶어 하는 사람'에게 맞추어져 있다. 특히, 책을 출판해 본 경험이 없는 처녀 작가들에게 가장 도움이 될 수 있다. 책을 출판해 본 경험이 있는 사람에게도, 이제까지 몰랐던 정보들을 얻을 수 있는 기회를 제공할 것이다.

이 책은 출판계에 근무하는 사람들을 대상으로 한 것이 아니다. 철저하게 저작자의 입장에서 필요한 지식을 추려 놓았다.

저작자에게는 출판사를 섭외하는 방법, 출판 계약을 맺는 방법, 그리고 저작자의 권리를 이해하고 주장하는 방법에 관한 지식이 꼭 필요하다. 이런 지식은 그 누구도 쉽게 가르쳐주지 않는다. 심지어 서점에 가 보아도 이런 지식을 담은 책을 쉽게 발견할 수 없다.

이 지식은 저작자와 출판사 모두에게 민감한 것이다. 그렇기 때문에 쉽게 공개되지 않으며, 공개하려고 하지도 않는다. 다행히 필자는 약 5년에 걸쳐서 여러 권의 책을 저술하고 출판한 경험을 지식의 형태로 정리하여 이 책에 공개한다.

이 책은 작문 교재가 아니다

먼저 알아둘 것은 이 책이 작문 교과서가 아니라는 점이다. 논문을 쓰는 방법이나, 책을 쓰는 방법을 다룬 책이 아니다. 시나리오 작법이나, 시 작법에 대한 정보를 제공하지 않는다. 좋은 문장을 쓰는 방법이나, 맞춤법도 다루지 않는다. 이런 정보가 필요하다면, 서점의 작문 코너로 가서 해당 도서를 구입해보기 바란다.

또한, 이 책은 참고 문헌의 목록을 작성하는 방법이나, 출처를 표시하는 방법, 각주를 다는 방법, 원고를 교정하는 방법에 대해서도 다루지 않는다. 이런 정보가 필요하다면, 모두 작문 교과서에 수록되어 있으니, 그런 책을 찾는 편이 낫다.

이 책은 이미 책을 쓸 능력을 갖추고 있는 사람을 대상으로 하고 있다. 즉, 기본적인 작문 능력을 갖춘 예비 저작자들을 대상으로 한다는 말이다. 이미 원고를 써 놓았는데 어떻게 출판해야 할지를 모르는 사람도 이 책의 독자가 될 수 있다. 이미 책을 출판해 보았지만, 왠지 모르게 찜찜한 것 같다고 생각하는 사람들도 이 책의 대상 독자가 될 수 있다. 아직 작문 능력이 없더라도 언젠가는 자기 이름으로 된 책을 한 권쯤 펴내 보고 싶은 사람도 읽어 보기를 권한다.

이 책을 통해서 출판사를 찾고, 만나고, 협의하고, 계약하고, 인세를 지급받는 방법을 알 수 있다. 이것을 통틀어서 '출판 교섭'이라고 부르겠다. 이 출판 교섭 과정에서 반드시 알고 있어야 할 상식도 함께 다룬다. 이 상식에는 원고 쓰기나, 편집이나, 책의 제작과 관련된 것들도 포함이 되어 있기는 하다. 그렇다고 그런 분야가 이 책의 중심 주제는 아니다. 단지, 출판 교섭을 설명하는 데 필요한 대로 가미된 양념일 뿐이다.

독자가 이 책을 통해서 얻을 수 있는 가장 큰 이익은 무엇일까? 그것은 아마도 출판사와 대등한 위치에서 협상할 수 있는 협상력일 것이다. 나는 이 책을 읽는 예비 저작자나 출판 경험이 있는 저작자나 모두 이 협상력을 갖추게 하려고 이 책을 저술하였다.

이 책은 저작자에게 아주 큰 도움이 될 것이다. 시장에서 바가지 요금을 물지 않으려면, 시장을 잘 알아야 한다. 이 책은 여러분에게 출판 업계를 더욱 선명하게 보여줄 것이며, 여러분의 소중한 원고가 헐값에 팔려 나가지 않게 할 것이다. 여러분의 무한한 지적 가치가 담긴 원고가 존중받고 인정받을 수 있게 하는 힘이 이 책에 담겨 있다.

1. 원고 작성하기

▍'책'이란 무엇인가?

그러면 이제부터 본격적으로 원고를 작성하는 데에 필요한 기초 지식부터 알아보자. 그 전에 먼저 책에 대한 정의를 내리고자 한다.

저작자가 관심 있어 하고, 이 책에서 다루는 주제는 '책'이다. '서적'이라고도 불린다. 엄밀하게는 서적과 잡지를 통틀어서 책이라고 하는데, 이제부터 서적만을 책이라고 부르겠다.

책에 대한 정의부터 알아보자. 1964년에 유네스코는 '서적 및 정기간행물 통계의 국제적 통일화에 관한 권고'에서 책, 즉 서적을 다음과 같이 정의하였다.

"서적이란 표지를 빼고, 적어도 49쪽이 넘는 부정기간행물로서 출판된 나라에서 일반적으로 입수할 수 있는 것"

그리고 49쪽이 안 되는 책은 팸플릿으로 분류하기로 하였다. 또 다음과 같은 출판물들도 서적이 아니라고 하였다.

1. 시각표, 전화번호부, 카탈로그, 규칙, 보고서, 달력과 같이 일시적으로 출판된 것
2. 광고에 사용되는 출판물(브로슈어나 카탈로그가 이에 해당)
3. 악보나 작곡집 그리고 지도와 같이, 주로 문장이 아닌 방식으로 된 출판물

그러나 우리가 논의하기에 이런 정의는 너무 복잡하다. 더 단순하고 명쾌하게 정의해 보자.
'서점에서 살 수 있는 책, 이것이 서적이다. 단, 잡지는 제외한다.'

한눈에 보는 출판 과정

책은 저작자의 창조적인 생각에서 출발한다. 그 생각이 원고가 되고, 원고가 출판사에 의해서 책으로 출판된다. 이 과정을 한눈에 알아보자.

1. 저작자가 원고를 쓴다.
2. 저작자는 출판을 제안할 출판사를 물색한다.
3. 출판사 목록을 만들고 출판을 제안한다.
4. 출판사에서는 내부 기획 회의를 거쳐 출판 여부를 결정한다.

5. 출판사가 출판 여부를 저작자에게 알려온다.
6. 저작자는 출판사들을 경쟁시켜 유리한 조건을 만든다.
7. 가장 유리한 조건을 제시한 출판사와 출판 계약을 맺는다.
8. 저작자는 완전한 원고를 출판사로 보낸다.
9. 출판사는 첫 교정을 하고 편집을 한다.
10. 출판사가 편집 완료된 원고를 저작자에게 보내 교정하게 한다.
11. 몇 차례 교정 작업이 출판사와 저작자 간에 이루어진다.
12. 출판사는 원고를 책으로 만들어 낸다.
13. 출판사는 책의 판매량을 늘리기 위해 마케팅을 한다.
14. 출판사는 초판 발행분 (또는 판매분)에 대해서 인세를 정산해 저작자에게 준다.
15. 첫 발행분이 모두 팔리면 증쇄를 한다.
16. 내용의 변경이나 디자인의 변경이 있으면 판을 바꿔 발행한다.
17. 출판 계약 기간이 끝나면 계약을 다시 하거나, 자동으로 갱신 하거나 해지한다.
18. 출판 계약이 해지되면 저작자는 다른 출판사와 출판 계약을 맺는다.

이 과정에서 생소한 단어들이 많이 보이겠지만 걱정할 필요는 없다. 이 모든 과정에서 저작자에게 꼭 필요한 지식을 지금부터 하나씩 설명해 나갈 것이다.

원고란 무엇인가?

'원고'란 저작자의 생각, 즉 사상을 표현한 것이다. 또는 저자의 저작물을 출판 가능한 상태로 만든 것도 원고이다. 사진 저작물을 모아서 원고로 만드는 것이 그 예이다.

이 사상을 처음으로 글로 표현한 것을 '초고'라고 부른다. 그리고 이 초고를 다듬은 원고를 '재고'라고 부르고, 이후에 계속 다듬으면서 삼고, 사고와 같은 식으로 원고에 이름을 붙일 수 있다.

원고를 최종적으로 다듬는 과정을 '퇴고'라고 한다. 퇴고까지 마치고 완성된 원고는 '완전원고' 또는 줄여서 '완고'라고 부른다. 저작자가 출판사에 넘겨줄 원고는 바로 이 완고다. 출판사는 완고를 받아 편집 과정을 거쳐 책으로 만들어 낸다.

원고는 컴퓨터 파일로 작성하라

컴퓨터가 보급되기 전에는 원고를 원고지에 작성하는 것이 관례였다. '200자 원고지 몇 매 내외' 하는 식으로 원고 분량을 원고지로 기준을 삼아 세기도 하였다. 그러나 이제는 그렇지 않다. 최근에, 거의 모든 원고는 컴퓨터 파일로 작성된다. 출판사들도 컴퓨터 파일로 작성된 원고를 원한다.

컴퓨터 파일 원고는 편집하기에 좋고, 종이 원고를 보고 입력할 필요가 없어서 좋다. 만약, 원고지에 쓴 원고라면, 그것을 일일이 컴퓨터 파일로 입력하는 번거로움이 있다. 반면에, 저작자가 파일로 넘긴 원고는 입력 작업 없이 바로 편집 작업을 진행할 수가 있다. 시간도 벌고, 인건비도 절약할 수 있는 것이다.

저작자 입장에서도 원고지에 원고를 쓰기보다는 컴퓨터에 직접 입력하는 편이 더 편리하다. 아직 컴퓨터에 익숙하지 못한 사람들은 예외겠지만 말이다.

컴퓨터로 바로 작성한 원고의 장점을 더 간추려 보자.

첫째, 책의 분량을 가늠해 볼 수 있다. 예를 들어 일반 소설류는 대체로 신국판이나 국판이라는 크기로 출판된다. 이 크기는 대략 A5 용지 크기와 비슷하다. 흔글이나 워드에서 '편집용지'를 이 크기로 미리 정할 수 있다. 그 상태에서 원고를 쓰면, 최종적으로 나오는 원고의 분량과 실제로 책으로 편집되어 나올 때의 책의 쪽수가 거의 비슷해진다.

둘째, 퇴고하기가 무척 쉽다. 퇴고란 원고를 다듬는 것을 말한다. 문맥이나 문법을 점검하고, 보강할 부분은 보강하는 것이 퇴고다. 이런 퇴고 작업을 원고지에 진행할 경우에, 원고지는 무척 지저분해진다. 반면에, 워드프로세서를 이용하면 아주 깔끔하게 진행할 수 있다. 게다가 자동으로 문법까지 점검하는 기능이 있으니 말할 수 없이 편리하다.

셋째, 자료를 수집하기가 쉽다. 인용문이나 발췌문을 따와서 그대로 원고에 끼워 넣기가 쉽다. 워드프로세서를 이용해서 논문을 작성해 본 경험이 있다면 이 말을 이해할 수 있을 것이다.

넷째, 원고를 쓰는 시간이 대폭 줄어든다. 원고지에 쓰는 경우에 비해서 타자하는 편이 훨씬 속도가 빠르다. 그러다보니, 예전에는 엄두도 못 내던 일이 가능해졌다. 일주일 만에 200여 쪽 분량의 책에 해당하는 원고를 쓰는 일도 가능하다.

다섯째, 원고를 주고받기가 편리하다. 원고를 원고지로 작성하는 경우라면, 우체국을 통하여 출판사로 우송해야 한다. 최소한 하루나 이틀 정도는 시간이 소요된다. 지금처럼 광속과 같은 속도로 사회가 변하는 시대에 하루나 이틀은 결코 짧은 시간이 아니다. 반면에, 파일로 만든 원고는 이메일로 즉각 전송할 수 있다.

이런 면 외에도 워드프로세서를 이용해 원고를 작성하면 여러 가지 편리한 점이 많다. 그러므로 원고는 컴퓨터 파일로 작성한다는 원칙을 세워 두는 것이 좋다.

그렇다면 어떤 워드프로세서를 사용해야 할까? 현재, 국내에서는 거의 모든 출판사가 흔글이나 MS워드로 원고를 작성해 주기를 바란다. 이 두 워드프로세서는 쓰이지 않는 곳이 없다. 그 중에서도 흔글로 된 원고를 더 선호하는 편이다.

매킨토시 컴퓨터를 사용한다고 하여도 흔글로 된 파일은 얼마든지 불러다가 편집할 수 있다. 매킨토시 컴퓨터를 사용하는 출판사에서 편집용으로 가장 많이 사용하는 소프트웨어는 '퀵익스프레스(Quark Express)'이다. 이 소프트웨어에서도 흔글로 된 파일을 불러 읽어 들일 수 있다.

원고용지의 크기에 신경 쓰지 않아도 된다

"원고를 쓸 때에 책의 크기에 맞추어서 써야 하나?"
"워드프로세서에서 미리 책의 크기를 지정해야 하나?"
"원고의 분량을 제한해서 써야 하나?"

책을 써보고 싶어 하던 사람들이 자주 던진 질문들이다. 결론부터 말하면 책의 크기와 형태 그리고 분량까지 저작자가 고려할 필요는 없다. 저작자는 그저 쓰고 싶은 대로, 쓰고 싶은 만큼 쓰면 된다.

출판사의 생리도 알고, 또 출판 기획에 대해서 다년간 연구를 해본 사람이라면, 처음부터 출판될 책의 형태를 미리 고려하고 원고를 쓸 수도 있다. 이렇게 할 수만 있다면 출판사에서도 두 손을 들고 환영할 일이다.

그러나 저작자로부터 원고를 받아서 적당한 크기와 분량으로 책을 만드는 것은 전적으로 출판사가 담당할 일이다. 그것을 저작자가 대신할 필요는 없다. 이런 의무까지 저작자에게 지우려는 출판사는 없다.

저작자는 이런 편집에 신경을 쓰지 않는 편이 더 좋다. 그래야 원고 자체의 질이 높아진다. 이것이 저작자와 출판사의 근본적인 관계이다. 저작자는 원고를 담당하고, 출판사는 편집과 마케팅을 담당한다는 것. 이것을 넘어서 저작자가 출판사 영역까지 담당하려 한다거나, 출판사가 권한을 넘어 저작자의 영역을 침범하려 하면 서로가 불편해질 수 있다.

A4 크기로 하면 가장 좋다

컴퓨터 파일로 원고를 작성할 때에 특별히 책의 크기나 원고용지의 크기를 고려할 필요는 없지만, 일반적으로는 A4 용지를 기준으로 삼으면 좋다.

워드프로세서들에 기본적으로 정해진 규격도 A4이다. 흔히 볼 수 있는 복사지 크기에 해당한다. 국가 공문서의 표준 규격도 A4이고, 출판사가 원고 분량을 가늠할 때에 기준으로 삼는 것도 A4이다.

몇 차례 출판을 해 본, 경험 많은 저자는 처음부터 책의 크기를 고려하여 원고의 크기를 정하기도 한다. 이렇게 하는 이유는 책의 쪽수를 가늠해 보기 위함이다. 이것은 어디까지나 저자의 편의를 위한 것이지, 출판사에 어떤 도움이 되는 것은 아니다.

그러므로 처녀 작가라면 A4 용지로 원고의 크기를 정하면 될 일이고, 경험 있는 저작자라면 상황에 따라서 원고의 크기를 정하면 된다.

원고의 격식에 제한은 없다

원고용지의 크기에 그다지 제한을 받지 않아도 되는 것처럼, 원고의 격식에도 제한은 없다. 저작자들은 원고를 다 쓰고 나서도, 격식에 맞게 썼는지 궁금해 한다. 격식에 맞지 않아 출판사로부터 무시를 당하지 않을까 하는 염려도 한다. 그럴 필요가 없다.

책의 격식을 굳이 따지자면 다음과 같이 원고를 구성하여야 한다.

1. 반표제(Half Title)
2. 총서인 경우에는 총서 표제(Series Title)와 집필자 목록
3. 표지(Title Page)
4. 판권지(Copyright Notice Page)
5. 헌사(Dedication)
6. 목차(Contents)
7. 표 목록(List of Table)
8. 그림 목록(List of Illustration)
9. 권두언(Forward)
10. 머리말(Preface)
11. 감사의 말(Acknowledgement)
12. 약어 목록(List of Abbreviations)
13. 연표(Chronology)
14. 본문(Text)
15. 부록(Appendix)
16. 주석(Notes)
17. 용어 풀이(Glossary)
18. 참고 자료 목록(List of References)
19. 집필자 목록(List of Contributors)
20. 색인(Index)

이렇게 격식을 다 차려서 출간되는 책은 얼마나 될까? 그리고 또 이렇게 격식을 차린 원고를 쓰는 작가는 얼마나 될까? 드물다. 학술 논문이라면 이런 엄밀한 격식을 차려서 원고를 써야 한다. 그 외의 책을 위한 원고라면 격식을 차릴 필요가 없다.

다만, 출판 업무를 위해 반드시 포함되어야 하는 것들이 있기는 하다. 책의 제목, 저작자의 이름, 머리말, 본문이 그것이다. 이 네 가지는 어떤 책에나 반드시 포함되어야 할 사항이다. 이외에 인용하는 부분이 있는 경우에는 출처나 참고 자료 목록을 만들어 둔다.

목차나 색인 및 그 밖에 책을 구성하는 데 필요한 나머지 요소는 출판사에서 알아서 만들어 준다. 필요하다고 판단되면 편집 과정에서 출판사가 저작자에게 요구한다. 그러므로 처음부터 완벽한 격식을 차린 원고를 쓰겠다고 생각할 필요는 없다. 저작자는 오로지 사상을 표현해 내는 일에만 힘쓰면 된다.

사진은 어떻게 처리해야 하나?

책을 처음 써 보는 저작자들은 고민이 많다. 어떻게 써야 할지, 어디에 써야 할지, 얼마만큼 써야 할지, 사진이나 그림을 어떻게 첨부해서 보내야 할지 알 수 없기 때문이다. 그러나 저작자가 이런 것을 다 고민할 필요가 전혀 없다.

일단 워드프로세서로 원고를 작성하기만 하면 구체적인 보강 방법을 출판사에서 알려준다.

사진과 그림도 마찬가지다. 원고에 들어갈 사진이 있다면, 사진들을 따로 찍어서 보내주면 된다. 굳이 첨부를 하지 않더라도, 원고에 사진이 들어갈 자리에 번호를 붙이고, 또 사진에도 번호를 붙여 두 개가 일치하도록 하면, 나머지 편집은 출판사에서 알아서 한다. 사진 파일의 용량이나 해상도에 대해서도 편집을 진행하는 중에, 저자에게 상세히 알려준다. 이처럼 저자는 출판사와 협조할 기회가 남아있으므로 원고의 편집에 지나치게 신경쓰지 않아도 된다.

촬영한 사진 중에 일부만을 책에 넣고 싶다면 포토샵과 같은 그래픽 소프트웨어를 이용해 잘라내면 된다. 이것을 출판계에서는 트리밍이라고 부른다. 설혹, 원고를 쓸 때에 이런 트리밍을 하지 않더라도, 교정하는 과정에서 트리밍을 할 수도 있다. 그러니 사진의 크기나 용량 같은 것은 걱정할 필요가 없다.

그림은 어떻게 처리해야 하나?

책에 들어가는 그림도 마찬가지다. 책에 들어가는 그림을 '삽화'나 '삽도' 또는 '일러스트' 나 '일러스트레이션(illustration)' 이라고도 부른다.

저작자가 만화가가 아닌 이상은 그림을 직접 그릴 일은 없다. 그림이 원고의 내용에 대한 설명을 돕는 정도에 불과하다면, 저작자는 신경을 쓸 필요가 없다. 출판사에서 알아서 그림을 삽입할지 안 할 것인지도 결정하고, 그림이 들어갈 위치까지 다 알아서 결정을 해준다. 또 그림을 그릴 화가도 섭외해 준다.

만약, 저작자가 그림의 위치와 형태까지를 원고에 지정해 두면, 저작자의 지정에 따라서 출판사에서 알아서 그림을 그려준다.

이처럼 낚시를 하는 것은 우리의 정신을 맑게 해주는 경향이 있다.
[그림1 : 낚시를 하는 그림]
그러므로 우리는

이런 식으로 그림이 들어갈 자리와 그림의 내용을 지정해 두면 된다.

이런 삽입 문구만으로 그림의 윤곽을 이해하기 힘들 때에는, 출판사에서 그림이 어떤 형태인지를 대충이라도 스케치해 달라고 저작자에게 요구하기도 한다.

이럴 때에는 그림 번호와 그림 제목을 달고, A4 용지나 도화지에 적절하게 스케치해서 출판사로 보내주면 된다. 우송하는 것이 번거롭다면 카메라로 촬영하거나, 스캐너로 스캔을 해서 컴퓨터 파일로 전송하는 방법을 써도 될 것이다.

출판사에서는 책에 들어가는 그림만을 전문적으로 그리는 사람들을 고용하거나, 계약으로 일을 맡긴다. 이 일을 맡는 사람들을 출판계에서는 보통 '일러스트레이터'라고 부른다. '디자이너' 또는 '화가'라고 부르기도 한다.

계약으로 그림 그리는 일을 맡은 사람들은 '그림 한 점당 얼마씩'이라는 식으로 일을 맡는다. 하나의 그림을 '컷'이라고 부르기 때문에 '한 컷당 만 원을 지불한다'는 식으로 계약을 하는 것이다.

 그렇다면 이런 그림 그리는 비용을 저작자가 부담해야 할까? 전혀 그렇지 않다. 이 비용도 편집비에 모두 포함되어 있다. 저작자가 이 비용을 부담할 필요가 전혀 없다.

 단, 예외적인 경우도 있다. 어린이용 동화가 가장 대표적인 경우다. 이런 경우에는 글보다 그림이 더 많이 들어가기도 하고 그림이 책의 주된 부분이 되기도 한다. 글이 제공하는 정보만큼 많은 정보가 그림에 담겨 있기도 하다.

 이런 경우에는 화가가 공동 저작자가 되는 경우가 있다. 이럴 때에는 저작자가 받은 수익을 함께 나누어야 한다. 대개는 5 : 5로 나누지만, 4 : 6으로 화가가 더 많이 가져가는 경우도 있다.

 뒤에서 설명하겠지만 저작자는 출판사로부터 글을 쓴 대가를 돈으로 받는다. 이것을 '인세'라고 부른다. 그런데 화가가 공동 저작자가 되는 경우에는 화가와 저작자가 인세를 나누어 받게 된다.

편집을 할 필요가 없다

 논문을 써본 경험은 있는데, 출판사를 통해서 책을 펴내본 경험이 없는 분들이 내게 물어오는 것 중의 하나는 "저작자가 논문처럼 어느 정도 편집을 해야 하나?"라는 것이다.

 그렇게 할 필요가 없다. 논문의 경우에는 집필자가 편집을 해서 출력소로 바로 넘기지만, 책의 경우에는 집필자와 인쇄소의 중간에 출판사가 개입된다. 출판사가 편집의 일을 대신해주는 것이다. 편집은 출판사의 책임이자 의무이다.

참고로 편집은 레이아웃(layout) 또는 레이아웃 디자인(layout design)이라고도 부른다. 이 레이아웃 작업은 전문가의 손길이 필요한 작업이다. 이 일을 전문으로 하는 사람을 편집 디자이너 또는 레이아웃 디자이너라고 부른다. 이들은 미술적 감각을 가지고 있다. 거기에 더하여 퀵익스프레스와 같은 편집 프로그램, 포토샵이나 일러스트 같은 그래픽 프로그램을 다루는 기술도 지니고 있다. 이들은 출판사에 배속되거나, 전문 편집 디자인 회사에 소속되어 편집 작업을 담당한다.

글꼴도 신경 쓸 필요가 없다

장평이나 자간 또는 줄 간격(행간)이나 들여쓰기도 전혀 신경 쓸 필요가 없다. 논문을 쓸 때에는 집필자가 이런 것까지 일일이 지정을 해 주어야 하나, 책으로 펴낼 원고를 쓸 때에는 이것을 지정할 필요가 없다. 어차피, 원고를 받은 출판사에서 편집할 때에 모두 다시 지정하기 때문이다.

또 한 가지 편집과 관련하여서 저작자들이 궁금해 하는 사항이 하나 더 있다.

"원고를 워드로 쓸 때에 글자 크기를 어느 정도로 하고 어떤 글자체를 써야 하는가?"

사실 글자체나 글자 크기를 고려할 필요는 없다. 다만 일반적으로 글꼴은 '바탕체'로, 글자 크기는 '10포인트'를 쓰는데 이것은 워드프로세서를 처음 실행하면 자동으로 지정되어 있기 때문이다.

저작자가 직접 교정을 해야 한다

출판사의 편집 작업이 완료된 뒤에 출판사는 교정을 저작자에게 부탁해 온다. 문법적인 교정은 출판사가 할 수 있지만, 문맥이나 전문 어휘인 경우에는 저작자만이 교정을 할 능력이 있기 때문이다. 또 저작자의 허락 없이 본문을 보충하거나 삭제하는 행위, 즉 첨삭하는 행위는 저작자의 인격적 권리를 침해하는 것이 되어 법적인 책임을 져야 할 경우도 있다. 이런 요소들 때문에 출판사가 하는 교정 작업에는 한계가 있다.

교정 작업은 몇 번을 반복하게 된다. 처음으로 교정하는 작업을 '1교' 또는 '초교'라고 부른다. 대개 초교는 출판사가 담당하고, 교정지를 출력하여 저작자에게 보낸다.

'교정지'는 '게라'라고도 부르는데, 이것은 교정을 위한 인쇄본이라는 뜻을 지닌 '갤리 프루프(galley proof)'를 일본식으로 발음한 것이다.

저작자는 1교가 완료된 교정지를 받아서 나름대로 보강할 부분은 보강하고 문맥을 고치고, 또 저작자의 의도와 다르게 교정된 부분을 다시 교정하게 된다. 이것은 두 번째 교정이므로 '2교' 또는 '재교'라고 부른다.

이런 식으로 몇 차례 출판사와 저작자 사이에 교정 작업이 번갈아 가면서 이루어진다. 대학교재나 전문 서적인 경우에는 최대 5교까지도 한다. 정확성이 요구되지 않는 소설 같은 서적들은 대개 3교 정도에서 교정을 마무리하나, 이것도 상황에 따라 다를 수 있다.

반복적인 교정을 통해서 잘못된 부분을 점차적으로 고쳐 나가기는 하지만, 오점 없는 완벽한 책이 된다는 보장은 없다. 아무리 몇 번씩 교정을 해도, 꼭 어딘가에는 오타나 어법에 맞지 않는 문장이 나타난다. 이런 것은 어떻게 해 볼 도리가 없다. 본문을 추측해 버리는 인간의 본성 때문에 저작자나 교정을 담당하는 사람들에게 교정할 부분이 잘 안 보이기 때문이다.

이런 것들은 일단 책을 발행한 후에야 독자나 저작자 또는 출판사에 의해서 발견되기도 한다. 이렇게 출판 후에 발견된 부분은 개정판에 반영하여 출판하게 된다.

▎출판물에 의한 명예훼손

원고를 쓰면서 특히 주의할 점은 명예훼손 부분이다.

출판물은 오랫동안 보존되며 기록으로 남기도 하고, 또 대중들에게 넓게 영향을 끼친다. 그렇기 때문에 이런 출판물을 통해 산 자나 죽은 자의 명예를 훼손하는 죄는 특별히 더 엄한 처벌을 받게 된다.

출판물을 통해서 특정인을 비방하는 일은 자제할 일이다. 허위 사실로 비방하여서도 안 되고, 진실이라고 할지라도 상대방의 명예를 훼손하는 것이라면 역시 죄가 된다.

다만, 국민적인 관심의 대상이 되는 정치인, 사회 지도층 인사, 유명 연예인 등에 대한 진실한 사실을 기록하는 것은 명예 훼손죄에 해당되지 않는 것이 원칙이다. 또 공공의 이익을 위하여 사실을 기록하는 것 또한 그렇다.

지금 나도 이 책에서 일부 출판사들의 몇 가지 문제점을 나열하고 있지만, 특정 출판사를 비방하거나 출판계 전체를 비판하는 것은 아니다. 대부분의 출판사들은 건전하게 영업을 하고 있다고 믿고 있다. 그럼에도 불구하고 일부 출판사의 그릇된 행태를 기록으로 남기고 전파하는 것은, 저작자들의 경각심을 불러일으키고, 제도 개선을 위한 방법을 찾아보자는 취지에서다.

동영상 강의를 바탕으로 원고를 쓸 수 있다

저작자들 중에는 교수나 강사로 활동하는 사람들이 꽤 된다. 영상 기술의 발달로 이들은 자신들의 강의 내용을 동영상으로 녹화하고, 그것을 인터넷이나 다른 영상 매체로 공급하고 있다.

이렇게 만들어진 '동영상 강의'도 창작성을 지니고 있다면 명백한 저작권법의 보호 대상이 된다. 이것은 저작권법의 보호 대상 중의 하나인 '어문 저작물'에 해당한다. 어문 저작물이란 말과 글로

써 이루어진 저작물을 뜻한다. 대개 글로써 이루어진 저작물은 책이라고 볼 수 있고, 말로써 이루어진 저작물은 오디오 테이프나 비디오 테이프 또는 동영상 파일이라고 볼 수 있다.

그렇기 때문에 동영상 강의의 저작자는 이것을 이용하여 별도의 출판 계약을 맺을 수 있을 뿐만 아니라, 다른 2차적 저작물도 얼마든지 만들고 이용할 권리가 있다.

출판 이야기 1

저작에 꼭 필요한 도구

 굳이 이 이야기를 해야 할까 싶기도 했지만, 처음으로 글을 쓰는 사람에게는 도움이 될 것 같아서 몇 가지 이야기를 하고자 한다. 나는 워낙 다작하다 보니 어떻게 하면 효과적으로 글을 쓰고, 출판사와 연락을 주고받을 수 있을까를 늘 고심한다. 그러면서 나름대로 느낀 것은 저자의 능력이 가장 중요하지만, 저작 도구들이나 저작 환경도 그에 못지않게 중요하다는 것이다.

 책을 쓰는 데에는 매우 큰 집중력이 필요하다. 그러다 보니 책을 많이 써내는 사람 치고 '올빼미'가 아닌 사람이 드물다. 주로 낮에 자고, 남들 다 자는 밤에 일어나 책을 쓰는 것이다. 주위가 산만하지 않고, 또 어디 나갈 만한 곳도 없으니 마음을 다잡고 집중할 수 있기 때문이다. 그런 면에서 다작하는 작가라면 누구의 방해도 받지 않고 글만 쓸 수 있는 오피스텔을 마련하든가, 아니면 조용히 글을 쓸 수 있는 콘도나 휴양림 또는 민박 장소를 물색해 두는 것이 좋다.

 비교적 조용한 장소에서 글을 쓴다고 할지라도 아이디어가 떠오르지 않을 때는 여행을 떠나고 싶은 마음이 간절하다. 또 때로는 출판사로 직접 컴퓨터를 들고 가서 작업해야 할 때도 있다. 그렇게 이동 중에도 글을 쓸 수 있기 위해서는 얇고 가볍고 튼튼한 노트북컴퓨터가 필수적이다.

 또 USB 메모리 또한 꼭 필요한 물건이다. 노트북을 들고 이동하기 힘든 경우에는 USB 메모리 하나만 들고 다녀도 된다. 열쇠고리에 끼워 가지고 다니다가 어느 PC방에라도 들러 출판사와 자료를 주고받을 수 있으며, 저술도 할 수 있기 때문이다.

 최근에는 저자도 직접 사진을 찍거나 그림을 그리는 경우가 많아졌다. 이런 경우를 대비해 디지털카메라 한 대 정도는 마련해 두는 것이 좋다. 망원 렌즈가 달려 있다면 더욱 좋다. 여행 중에 먼 곳에 있는 피사체를 찍어야 할 경우가 드물지 않게 있기 때문이다.

 인터넷도 필요하고, 프린터도 필요하지만 나는 이 두 가지는 집 근처의 시립 도서관에서 이용한다. 사람마다 저마다의 취향에 맞게 선택해서 결정할 일이다.

2. 자료의 인용 방법과 주의할 점

▍다른 책의 제목을 그대로 써도 된다

 자료의 인용과 관계없는 주제일지도 모르지만 다른 책의 제목을 가져다 쓰는 경우라면 어떨까? 또는 책을 출판하고 보니 이미 같은 제목을 지닌 책이 나와 있었다면 어떨까?
 각각 다른 사람에 의해서 제작된 영화와 소설의 제목이 같아서 시비가 붙었다는 기사를 가끔 보게 된다. 만화와 영화, 책과 책과의 관계도 마찬가지다. 처음으로 책을 써보려고 하는 사람들은, 책의 제목이 다른 책의 제목과 같아서 저작권법을 어기는 것은 아닌지 불안해하기도 한다.
 저작권법에 따르면 저작물의 제목이 같다고 해서 저작권법을 위반하는 것은 아니다. 저작권을 보호하는 궁극적인 목적은 문화의 발전에 있다. 그런데 만약 제목에까지 저작권을 부여한다면 다른 자가 동일한 제목으로 저작을 할 수가 없어 오히려 문화의 발전을 해칠 수 있다.

그렇다고 해서 나쁜 의도를 가진 경우까지 모두 보호되는 것은 아니다. 예를 들어 베스트셀러인 책과 똑같은 제목의 책을 펴냈다고 하면, '저작권법'이 아닌 '부정경쟁방지법'에 따라서 처벌을 받을 수 있다. 단, 이때에는 명백한 의도를 가지고, 인기 있는 저작물의 명성을 이용할 목적으로, 제목을 동일하게 지었다는 것이 입증되어야 처벌받는다.

결론적으로 말해서 책의 제목이 다른 영화의 제목이나 다른 책의 제목과 같다는 것만으로는 저작권법을 어기는 것이라고 보지 않는다. 다만, 고의적으로 대중의 인기를 받고 있는 작품에 편승하려고 한다면 부정경쟁방지법을 위배하는 결과가 된다.

자료를 인용할 때 주의할 점

'인용(quotation)'이란 다른 저작물의 내용 가운데 일부를 끌어다 쓰는 것을 말한다.

선각자가 쌓아 놓은 지식은 후대가 이룩할 문명의 토대가 된다. 그러므로 이미 발행된 도서의 내용은 후에 발행될 도서의 참고 자료로서 인용되는 것이 마땅하다. 문화 창달을 위해서 인용은 필수적인 것이다. 법적으로도 '정당한 인용'을 허용하고 있다.

무엇이 정당한 인용인지에 대해서는 논란이 있을 수 있으나 대체로 다음과 같은 방식의 인용은 정당한 인용이라고 본다.

첫째, 인용이 없이는 글의 전개가 어려울 때이다. 즉, 인용이 필수 불가결한 경우이다.

둘째, 저작자의 글이 대부분이고 인용 부분은 일부인 경우이다. 단, 시나 사진처럼 작품의 전부를 인용하는 경우라면, 비록 책의 극히 일부만을 차지한다고 하더라도 저작권에 위배된다. 시의 일부 또는 사진의 일부는 인용할 수 있지만, 전부를 인용할 때에는 저작권자의 허락을 받아야 한다.

셋째, 인용되는 부분을 저작자의 내용과 명확히 다르게 처리해야 한다. 흔히 따옴표(" ")로 인용 부분을 구분하거나, 별도의 활자체를 사용해서 구분한다.

넷째, 인용 부분의 출처를 제시하여야 한다. 흔히 각주나 미주로 출처를 명시한다.

그러나 이런 인용의 원칙은 사람마다 해석이 다를 수 있다. 무엇이 인용이고 무엇이 저작권 침해에 해당하는지에 관한 최종적인 판단은 법원에서 한다. 저작자로서는 인용하는 자료의 저작자가 저작권 침해라고 느끼지 않을 정도를 스스로 감으로 판단하는 수밖에 없다.

자료의 출처를 정확히 밝히라

인용을 했을 때에는 '출처'를 밝혀야 한다. 출처란 자료가 원래 있던 자리를 의미한다. 출처는 서적이 될 수도 있고, 인터넷 사이트가 될 수도 있고, 멀티미디어 타이틀이 될 수도 있다. 세미나 자료가 될 수도 있다.

사진이나 그림, 문장이나 표와 같은 자료를 인용하거나, 발췌하는 경우에도 그리해야 한다.

출처를 밝히지 않으면 저작권법에 따라서 손해 배상을 해야 하거나 형사적 처벌을 받을 수 있다. 이런 경우에 원칙적으로 출판사가 책임을 지는 것이 아니라, 저작자만이 책임을 지게 된다. 출판사는 저작자가 법을 위반했는지를 알 수 없기 때문이다.

단순한 인용이 손해 배상이나 형사적 처벌로 이어지는 경우는 거의 없다. 그렇다고 하여도 저작자가 쓴 원고의 신뢰를 높이기 위해서라도 출처는 밝혀 주는 것이 좋다. 예를 들어 단순히 헌법 제1조를 인용하는 경우라도, 출처를 다음과 같이 기록하여 둔다면 독자의 입장에서 책을 더 신뢰할 수 있을 것이다.

"대한민국은 민주 공화국이다."(대한민국 헌법 제1조)

출처를 기록하는 형식에 대해서는 작문법을 다룬 도서에서 자세히 가르쳐주고 있으니 그것을 참고하면 된다.

편집 저작물에 인용하는 자료도 저작권 보호 대상이다

저작권법에 의하면 독창적인 편집 저작물에 대해서도 저작권을 인정해 주고 있다. 예를 들면 통계연감이라든가, 인명사전 또는 회사목록과 같은 것이 그것이다. 일례로 우리가 아주 잘 아는 "우선순위 영단어"와 같은 것도 좋은 사례가 될 수 있다. 단순한 영어 어휘의 나열에 불과하지만, 시험에 나오는 순서에 따라서 독창적인 방식으로 배열한 점이 바로 저작권 보호를 받는 근거가 되는 것이다.

그런데 이 편집저작물에 대한 저작권을 오해하는 저작자나 출판사가 있다. 어떤 자료라도 독창적으로 편집하기만 하면 저작권 보호 대상이 될 수 있다고 오해하는 것이다. 예를 들어서 인터넷의 유머들을 수집하여 독창적인 주제로 분류하여 펴내는 것이 그런 오해의 사례가 될 수 있다.

이런 경우에 비록 독창적으로 편집하였다고 할지라도, 각 글의 원저작자가 따로 존재하기 때문에, 저작권법상 손해 배상을 해야만 한다. 편집 저작물이 비록 독창적인 저작물로 인정을 받는다고 하여도, 남의 저작물을 짜깁기하는 것은 허용되지 않는다.

인터넷 자료를 수집해서 출판할 수 있을까?

인터넷은 정보의 바다다. 온갖 정보와 방대한 자료를 쉽게 구할 수 있다. 인터넷의 발달로 이제는 언제 어디서나 드라마나 영화의 영상과 대사를 찾아 낼 수 있을 뿐만 아니라, 사진 자료도 풍부하게 얻을 수 있다.

저작자는 인터넷에서 쉽게 구할 수 있는 자료를 책에 인용하고 싶은 유혹에 빠지기 쉽다. 사정이 이렇다보니 인터넷에서 입수한 자료를 마치 자신의 저작물인양 출판하는 저작자를 볼 수가 있다.

이런 경우에 원저작자가 권리를 주장하게 되면, 저작자는 민·형사상의 책임을 져야 하고, 출판사 또한 큰 손해를 보게 된다. 그러므로 인터넷 자료를 그대로 사용하는 일은 없어야 한다.

인터넷 자료를 인용하는 경우라도 원저작자를 찾을 수 있다면, 원저작자에게 서면으로 허락을 받아 두어야 한다. 물론, 일부 발췌 인용이라면 출처를 명시하는 것만으로 충분하다.

문제는 인터넷 자료의 경우 원 출처가 아닌 다른 곳에서 구해지는 경우가 많다는 점이다. 그러므로 인터넷 자료의 인용은 최소한으로 하되, 굳이 인용해야 한다면 원 출처를 찾아보는 노력을 해야 할 것이다.

사진이나 영상을 함부로 인용해서는 안 된다

사진도 창작성이 가미된 것이라면 저작권 보호의 대상이 된다. 예술 사진은 확실한 저작권 보호의 대상이 된다. 상품 사진이라고 해도 누구나 쉽게 찍을 수 없는 것이라면 저작권 보호 대상이다. 이런 사진들이 비록 인터넷에 게시되어 있다고 하더라도 저작자의 허락 없이 책에 인용하여서는 안 된다.

법원의 판결 사례 중에도 "사진작가가 기술과 창의성을 동원해서 촬영한 것이라면 저작권이 인정된다."는 취지의 결정이 있다.

이 판례를 문구대로 해석하자면, 자동카메라로 누구나 찍을 수 있는 단순한 풍경이나 제품 사진이라면 저작권 보호의 대상이 되지 않을 수도 있다. 단순한 부품 사진이라든가 컴퓨터 사진과 같은 것이 그것이다.

이런 사진을 인용할 수는 있겠지만 출처는 명시해 주는 것이 좋다. 그리고 이런 단순한 사진이라고 할지라도, 사진을 찍은 사람이 저작권을 주장해 올 수도 있다는 점을 간과해서는 안 된다. 이런 경우에 최종 판단은 법원이 내리는 것이므로, 애당초 남의 사진을 인용하지 않는 편이 바람직하다.

최근 출판계에서도 이런 사진 저작물의 권리를 인식하는 방향인 것으로 알고 있다. 저작자에게 사진 촬영을 독려하기도 하고, 사진 저작권 관리 업체를 통해 사진 저작물의 이용 허락을 받기도 한다.

저작자도 사진 저작물에 대한 인식을 새롭게 하여야 한다. 예전에는 출처도 명시하지 않고 남의 사진을 가져다가 쓰는 경우가 흔했지만, 이제는 방향을 바꾸어야 한다. 저렴한 디지털카메라도 보급되고, 또 약간의 훈련만 하면 작품 수준의 사진을 찍을 수 있을 만큼 카메라의 성능이 좋아졌다. 저작자가 직접 책에 쓸 사진을 찍어 보도록 노력할 일이다.

저작자나 출판사의 역량으로 촬영할 수 없지만, 꼭 필요한 사진이 있을 수도 있다. 예를 들면 수십 년 전의 풍경이라든가, 외국 현지 촬영물과 같은 것이 그것이다. 이런 경우에는 저작권 신탁 관리 업체를 통해서 사진 이용 허락을 받아낼 수 있다. 저작권 신탁 관리 업체 중에는 사진 저작권을 전문으로 하는 곳들이 있으며, 이런 곳을 통해서 마음껏 이용할 수 있는 사진들을 입수할 수도 있다.

지금까지 설명한 내용들은 모두 영화나 드라마의 영상 또는 대사에도 해당된다. 영화나 드라마의 한 장면이라도 인용하고자 할 때에는 반드시 저작자의 허락을 받아야 하며 대사도 마찬가지다.

사진이나 미술품을 변형하여 인용하면 저작인격권을 침해하게 된다

저작자들 중에는 인터넷에서 구한 사진을, 원본을 알아볼 수 없을 정도로 변형하여, 자신의 책의 자료로 쓰는 경우가 있다. 저작자가 알아볼 수 없을 정도로 변형한 것이니 '제2의 창작이 아닌가' 라고 생각할 수도 있지만 그렇지 않다. 저작권이 있는 사진을 변형해서 사용하게 되면, 원본 사진에 대한 저작권을 침해하게 된다.

저작권을 구성하고 있는 권리 중에서 저작자의 인격에 관련된 권리들이 있는데, 그 중의 하나가 '동일성 유지권' 이다. 즉, 자신의 작품을 다른 사람들이 마음대로 변형하게 하지 못할 권리인 것이다. 만약 이 권리가 법적으로 보장되지 않는다면, 미술이나 사진 작품을 마음대로 변형하여 디자인의 소재로 삼거나 다양한 형태로 이용해 버리게 된다. 게다가 저작자의 의도나 저작자의 창작성과는 전혀 상관없는 형태로 변형되어 저작자의 명성까지 깎을 위험도 있는 것이다.

사진이나 미술품 또는 도안 등을 변형하는 것은 저작인격권 중의

'동일성 유지권'을 침해하는 것이기도 하지만, 저작재산권 중의 2차적 저작물 이용에 관한 권리를 침해한 것도 된다. 따라서 민사상의 손해 배상, 형사상의 처벌, 위자료의 지급 등의 문제에 걸릴 수 있다.

표지 디자인도 저작권 보호의 대상이다

출판사를 옮겨 책을 다시 펴내게 될 때에 이전까지 사용해 온 표지를 그대로 사용해서는 안 된다. 표지 디자인도 명백한 창작성을 가진 저작물이기 때문이다. 저작권법에 의하면 표지 디자인은 '미술저작물'로서 보호를 받는 대상이 된다. 그렇기 때문에 출판사를 바꿔서 책을 다시 펴낼 때에는 새로 표지디자인을 하여야 한다. 이 점은 출판사가 알아서 해 줄 사항이기는 하지만, 저작자의 관심 사항이기도 하다.

참고로 표지 디자인을 전문적으로 하는 사람들은 출판사와 별도의 계약을 맺고 디자인 작업을 담당한다. 표지 디자인 하나당 얼마의 보수를 받고 저작권을 양도하는 경우가 대부분이고, 일부 능력 있는 디자이너는 도서 정가의 얼마씩 하는 식으로 개런티를 요구하기도 한다.

저작자는 표지 디자인이 저작권 보호의 대상이라는 점을 인식하고, 출판사를 옮겨 책을 펴낼 때에 이전 표지 디자인을 그대로 가져다 쓰지 않도록 주의하여야 한다.

인용하는 자료의 저작권자를 찾을 수 없을 때

각종 전문 잡지나 월간지의 경쟁은 치열하다. 부도나는 잡지사들이 많으며, 폐간된 잡지도 상당수다. 이런 잡지의 자료를 사용하고자 해도, 잡지사나 그 잡지에 글을 게재한 사람과 연락이 되지 않아 허락을 받을 수 없는 경우가 있다.

이럴 때에는 저작권법에 따라서 '법정 허락'을 받으면 된다. 저작권 심의 조정 위원회에 일정한 저작권 사용료를 맡겨 놓고 사용 허락을 받을 수 있는 것이다. 이렇게 소정의 금액을 맡기는 것을 '공탁'이라고 한다.

출판 이야기 2

출판사들이 모여 있는 곳

우리나라 출판사는 대부분 서울과 수도권에 몰려 있다. 그 중에서도 서울의 마포구와 경기도의 파주 지역에 출판사가 많다. 최근에는 경기도 파주시에 출판문화산업단지가 조성되어, 대형 출판사들이 그곳으로 많이 입주해 있다.

기회가 된다면 파주의 출판단지를 꼭 한 번 방문해보기를 권한다. 경기도 일산 옆의 자유로를 따라서 파주 방면으로 계속해서 가다보면 파주출판도시로 바로 진입할 수 있다.

그곳에서는 출판인들의 활동을 살펴볼 수 있는데, 특히 점심시간에 방문하여 인근 식당을 이용해 보면 출판계에 대한 다양한 의견들을 들을 수 있다. 그곳에서 식사하는 대부분의 사람들이 출판 업계에 종사하는 사람들이기 때문에 굳이 물어보지 않아도 식사를 하는 도중에 자연스럽게 출판가 소식을 들을 수 있다.

3. 번역 원고 작성

번역에 대한 지식이 부족하다

우리나라의 서적 중 상당수를 번역서가 차지하고 있다. 앞선 선진 문물들이 이런 번역서를 통해서 소개된다. 좋은 이공계 번역서를 소개한 출판사들이 우리나라 기술 발전에 이바지한 면이 크다. 또한 인문학 서적들도 우리나라의 마음의 양식을 크게 살찌웠다.

마찬가지로 좋은 외국 책을 번역하여 국내에 소개하여 나라에 보탬이 되고 싶은 마음을 가진 저작자들도 많다. 그러나 번역을 해도 되는지, 저작권과는 어떤 관련이 있는지, 번역하면 출판할 수 있는지에 관한 지식이 부족해서 당황하는 저작자들이 있다.

번역하기 전에 먼저 허락을 받아야 한다

우리나라에 저작권의 개념이 제대로 정착되지 않은 시절에는 외국 서적을 무작정 번역해서 출판하는 경우도 많았다. 일부 출판사들은 유령 단체를 내세워 외국의 도서나 잡지를 번역하여 큰 이익을 남긴 경우도 있었다.

심지어는 외국 서적을 번역한 다음에 자신의 저작물인 양, 자신의 이름으로 책을 펴내는 저자도 많았다. 한때는 그런 저자들 중의 몇몇이 사회의 표적이 되어 명예가 실추된 적도 있었다. 하지만 해당 저작자들은 그런 식의 번역이 학계의 관행이었다고 발뺌을 하였다.

그때 당시에는 그렇게 외국 출판사와 원서 저작자에게 정당한 대가를 지불한다는 의식들이 없었고, 또 그것이 관행처럼 여겨졌었다. 그러나 지금은 이런 관행이 명확하게 불법으로 규정되었고, 또 그렇게 인식하고 있다.

그러니 만약 번역하고 싶은 책이 있거나 이제 막 번역을 시작할 생각이라면, 먼저 출판사에 연락해서 정당한 번역권과 출판권을 얻는 편이 더 좋다. 괜히 번역까지 마치고 나서 출판사를 잡지 못하거나, 아예 외국의 출판사에서 국내 번역 출판을 허락해 주지 않을 수도 있기 때문이다.

이런 것을 방지하기 위해서, 번역 작업에 착수하기 전에 먼저 확실한 번역 계약을 맺어 두어야 한다. 이 번역 계약은 원저작자의 '2차적 저작물 이용에 관한 권리' 중에서 번역권을 받아내기 위한 계약이다.

저작자가 직접 원저작자나 외국의 출판사와 계약을 할 수도 있지만, 절차상 번거롭고 사후 관리하기도 힘들다. 그러므로 먼저 국내의 출판사를 선정하여 번역할 의사가 있음을 알리고, 번역 계약을 대행하게 하여야 한다. 그렇게 하여 번역권을 저자가, 번역물에 대한 출판권을 출판사가 나눠 가지면 된다.

저자가 할 일은 두 가지다. 첫째 번역하고자 하는 도서를 선정한다. 그리고 그것을 출판사에 소개한다. 이렇게 하여 번역을 추진할 출판사를 찾게 되면 그 이후에 거의 모든 섭외는 출판사가 담당한다.

번역물을 소개할 때에 평소에 친분이나 거래가 있는 출판사라면 그곳을 통하면 될 것이고, 그렇지 않다면 번역하고자 하는 도서와 같은 분야를 전문적으로 출판하는 출판사를 찾으면 될 것이다.

이렇게 출판사를 섭외하면, 출판사에서는 국내 저작권 중개 업체를 통해 번역 계약을 추진할 것이다. 이미 다른 출판사와 번역된 도서라면 계약이 이루어지지 않을 것이고, 그렇지 않다면 무난하게 계약을 할 수 있다.

출판사는 어떻게 번역 도서를 고를까?

저작자가 번역 도서를 선정하고 출판사를 섭외하는 방법이 있는 반면에, 출판사가 주도적으로 번역 도서를 선정하고 역자를 섭외하는 방식도 있다. 이번에는 출판사 주도로 번역 도서를 선정하는 방법을 알아보자.

첫 번째는 출판사가 주도적으로 선정하는 방법이다. '아마존'과 같은 온라인 서점을 통해서 정보를 검색하거나, 또는 해외 각지의 출판 정보를 통해서 번역 출판할 도서를 선정하는 것이다.

두 번째는 해외의 대형 출판사들이 자사의 책을 수출하는 경우이다. 이럴 경우 외국의 출판사는 책에 대한 정보를 담은 책자를 보내오거나, 파일을 보내온다. 심지어는 아직 출판되지는 않았지만, 탈고가 거의 완료되거나 편집 중인 책에 대한 정보도 보내온다.

세 번째는 한국의 저작권 중개 업체를 통하는 방법이다. 흔히 에이전시(agency)라고 불리는 업체들은 외국 출판사를 대신해서 한국에 외국 서적을 소개해 준다.

이 세 가지 방식 모두 출판사가 주도하게 되며 번역 출판 계약부터 번역 작가 선정 등을 모두 일괄적으로 진행한다.

누가 번역하는가?

번역자 또는 출판사에 의해서 일단 번역할 도서가 선정이 되면 본격적인 번역 작업으로 들어가게 된다. 이 번역 작업도 여러 가지 방법을 통해서 이루어진다.

첫째로, 번역 전문 회사에 의뢰하는 방법이다. 국내에는 큰 번역 회사들이 꽤 있다. 이런 번역 회사에 한 쪽당 얼마씩 또는 한 권당 얼마씩 번역료를 주는 방식으로 번역을 맡기는 경우가 있다. 대개는 번역이 신속하게 이루어져야 하는 첨단 기술 서적이나, 때를 놓치면 안 되는 노벨 문학상 수상작 등이 이런 식의 번역을 거친다.

번역 회사에는 번역 인력이 여럿이기 때문에, 번역을 여러 사람이 나누어서 한다. 초벌 번역이라고 해서 여러 명이 일단 대충 번역한 다음, 숙련된 번역자가 그것들을 모두 취합해서 원문과 번역문을 대조하는 방식으로 일이 진행된다.

둘째로, 번역가에게 의뢰하는 방법이다. 번역 자체를 직업으로 가지고 프리랜서로 활동하는 사람들이 많다. 이런 사람들은 번역 회사보다 번역료가 저렴한데다가, 한 사람이 처음부터 끝까지 번역하게 되므로 번역의 품질이 좋은 편이다. 대신에 번역 기간이 길다. 그래서 출판 기한이 정해져 있지 않지만, 확실한 번역이 요구되는 서적의 번역이 주로 이런 사람들에 의해서 이루어진다.

보통 번역가들은 원서를 기준으로 한 쪽당 8천 원에서 많게는 수만 원까지 받는다. 원서가 아직 만들어지지 않은 상태에서 번역하게 될 때에는 A4 용지를 크기의 기준으로 삼아 번역 단가를 정한다.

컴퓨터 매뉴얼처럼 그림이 많이 들어간 책자의 번역료는 싸지만, 문자 위주로 된 책자의 번역료는 비싸다. 또 일어, 영어 번역료는 싸지만, 유럽의 언어라든가, 아랍어의 경우에는 번역료가 조금 더 높다. 영어나 일어 번역가는 많다. 게다가 최근에는 일어, 영어 자동번역기까지 있어 번역 작업이 더 수월해졌기 때문에 단가가 낮다.

셋째로는 해당 분야의 전공자에게 번역을 의뢰하는 경우이다. 이런 경우는 주로 대학의 교수라든가, 번역서를 직접 추천해 온 사람이 이 일을 담당하게 된다.

번역자에게도 저작권이 있다

　번역 전문 회사나 번역을 직업으로 삼은 번역가에게는 번역할 책의 쪽수, 곧 면수에 따라서 번역료가 지급된다. 그리고 번역한 후의 모든 권리를 출판사가 가지게 된다. 이런 경우에 번역 회사나 번역가는 단순히 번역을 대신해 주는 것에 불과한 것이다. 이런 형태의 거래는 '매절' 계약과 같은 것이어서 번역자에게는 권리가 거의 없다.

　전문 도서의 경우에 번역자는 대개 해당 분야의 전공자인 경우가 대부분이고, 이런 경우에는 일반 출판의 경우와 같이 인세를 지불한다. 물론 선인세의 형태로 얼마간의 돈도 미리 지불해 준다. 인세율은 대체로 도서 정가의 5%에서 10% 정도가 된다. 매우 전문적인 분야의 기술 서적에서 주로 이런 방식의 번역 계약을 체결하고 있다.

　번역자는 그 책에 대한 '2차적 저작권'을 취득하게 된다. 원 저작자는 아니지만, 저작에 못지않은 창작성이 필요한 번역 작업을 하였기 때문에 저작권에 버금가는 권리를 인정해 주는 것이다. 그렇기 때문에, 번역자는 출판사와의 계약에서 원 저작자와 다름없는 지위를 차지하게 된다. 그 증거가 바로 번역료를 인세로 받는다는 점이다.

　번역가의 인세율이 일반 저작자의 인세율에 비해 낮기는 하지만, 이것이 결코 만만한 것은 아니다. 한 권에 몇만 원씩 하는 원서들이 번역되는 경우가 많기 때문이다. 예를 들어 한 권에 삼만 원으로 도서의 정가가 매겨졌고, 일 년에 만 부 정도가 판매되는 책이 있다고 하자. 번역 인세율을 5%로 잡으면, 인세로만 천오백만 원을 받을 수 있게 된다.

대개, 외국의 전문 서적들은 대학 교재로 쓰이는 경우가 많고, 필수적인 서적인 경우가 많아서 안정된 시장을 가지고 있다. 특히 기술 분야의 전문 서적 번역은 큰 시장을 형성하고 있다. 그리고 이런 기술 번역만을 전문으로 하여 활동하는 번역가도 여럿 있다.

출판 이야기 3

해설자가 필요해

"우리나라에는 해설자가 없어요."

한 출판사 대표가 한 말이다. 소위 학문하는 사람은 많아도, 그 학문을 대중들이 이해할 수 있게 쉬운 글로 써내는 사람이 없다는 말이다. 학자들이 의외로 글을 어렵게 쓴다는 것은 아는 사람은 다 아는 상식이 되어 버렸다. 학자들의 글이 온갖 전문 용어가 난무하는 '그들만의 케이크'가 되어 버린 지 오래다. 그래서 그런 난해한 지식을 대중들에게 쉽게 알려 줄 수 있는 사람들이 더 많이 나와야 한다는 것이다.

나는 테크니컬라이터로 활동해왔다. 바로 이 직업이 해설자에 해당한다. 난해한 컴퓨터 관련 지식을 최대한 알기 쉬운 글로 써서 펴내기 때문이다. 최근에 각광을 받는 스토리텔러(storyteller, 이야기꾼)도 해설자에 해당한다. 난해한 인문, 사회과학 지식이나 주제를 재밌는 이야기로 포장하여 주기 때문이다. 《누가 내 치즈를 옮겼을까》를 쓴 스팬서 존슨이나, 《마시멜로 이야기》를 쓴 호아킴 데 포사다, 《칭찬은 고래도 춤추게 한다》를 쓴 케네스 블랜차드 같은 사람들이 대표적인 스토리텔러이다. 그들은 주로 경영학과 심리학을 기반으로 인간 본성을 해설하는 역할을 맡고 있다.

앞으로 우리나라에 이런 이야기꾼들이 많이 나왔으면 하는 바람이다. '그들만의 케이크'를 누구나 먹을 수 있게 '우리 모두의 케이크'로 바꿔주는 사람들 말이다.

4. 출판사 섭외와 출판 제안

출판사를 통해야만 책을 펴낼 수 있다

책은 문화관광부에 등록한 출판사만이 펴낼 수 있다. 개인은 책을 마음대로 펴낼 수 없다. 법인이나 단체라도 출판 등록을 하지 않으면 책을 펴낼 수 없다.

책 한 권 내기 위해 사업자 등록을 하고 출판사 등록까지 할 수는 없는 노릇이다. 게다가 출판사를 유지하려면 꾸준히 책을 펴내야 한다. 그래서 출판사가 필요한 것이다. 저작자들은 출판사 등록을 일일이 하지 않아도 되어 좋고, 출판사는 나름대로 규모의 경제를 실현할 수 있어서 좋다.

저자는 출판사를 통해서만 원고를 책으로 만들어 낼 수 있으므로, 원고를 출판해 줄 출판사를 찾고 계약을 맺어야 한다. 이 과정을 '출판교섭' 또는 '출판사 섭외'라고 한다.

번역 원고라면 번역에 착수하기 전에 섭외해야 하고, 창작 원고라도 원고가 완성되기 전에 기획안을 먼저 들고 가서 섭외할 수도 있다. 원고를 완성한 후에 출판사를 섭외할 수도 있다.

저작자에게는 출판사 섭외가 원고를 쓰는 것만큼 중요하다. 아무리 좋은 원고라도 출판사를 제대로 만나야만 꽃을 피우고 열매를 맺을 수 있다. 그리고 출판사와 제대로 된 계약을 맺어야만 저작자에게 돌아갈 몫을 제대로 차지할 수 있다. 그러므로 이제부터 섭외에 대해서 자세히 알아보자.

먼저 기획하고 섭외하는 방식

출판사가 먼저 책을 기획하고 저작자를 섭외해서 저술을 부탁하기도 한다. 이것을 '기획 출판'이라고 한다. 저작자가 먼저 기획하고 출판사와 계약을 맺은 후에 원고를 쓰는 경우도 기획 출판에 해당한다.

기획 출판과 일반 출판의 절차는 기획을 하여 계약을 먼저 맺고 원고를 쓰느냐, 아니면 다 쓴 원고를 가지고 계약을 맺느냐 하는 점이 다르다.

기획 출판은 그 특성상 출판사의 역량이 요구된다. 기획 능력, 저작자를 발굴하는 능력, 저작자를 독려하여 원고를 진행시키는 능력 등이 필요하다. 이런 이유로 기획 출판은 대체로 중견 출판사가 하게 되며, 소형 출판사가 기획 출판을 하는 경우는 드물다.

때로는 역량 있는 저작자가 기획 출판을 하는 경우도 있다. 독창적인 기획안을 만들어 출판사에 제안하고, 계약을 맺고 원고를 진행하는 것이다. 이 경우에 기획부터 원고를 진행하기까지의 모든 과정은 저작자가 담당하게 된다. 이런 일을 전문으로 하는 사람들은 '프리랜서 작가'나 '자유기고가' 또는 '테크니컬 라이터'라는 직함을 달고 활동한다.

출판 기획사라는 곳도 있다. 이들은 말 그대로 출판 기획을 전문으로 한다. 그리고 저작자 섭외와 원고 관리까지 모든 것을 출판사를 대신해서 한다. 그 대가로 출판사로부터 소정의 진행비를 받으며, 저작자가 받을 인세 중에 일부를 기획비로 따로 받는 경우도 있다. 출판 경험이 드문 저작자들은 출판 기획사를 통해서 책을 출판하기도 한다.

그러나 기획사를 통할 경우에 저작자에게 돌아올 인세 중 일부는 기획사의 몫이 된다. 또 일부 기획사는 이런저런 핑계를 대며 저작자에게 돌아갈 인세를 기획사가 차지하는 경우도 있다. 또 어떤 경우에는 저작자의 원고에 대한 권리 일체를 기획사가 차지하는 방식으로 계약하는 경우도 있다.

그러므로 가장 좋은 방법은 출판사가 저작자를 섭외해 주는 것인데, 그 저작자는 기획 능력이 있어야 할 것이다. 그리고는 기획사의 도움을 받아서 책을 써 보는 일일 것이다.

출판사의 연락처를 알아내는 방법

기획 출판하는 경우가 아니라면 저작자는 원고를 출판해 줄 출판사를 찾아야 한다.

우선 서점에 나가서 알아보는 방법이 있다. 이미 출판되어 진열된 책의 판권지에는 출판사의 연락처가 기재되어 있다. 전화번호와 이메일 주소를 메모해 두었다가 연락하면 된다. 이 방법이 가장 보편적이고 확실한 방법이다. 서점에 진열된 책을 통해 얻은 출판사 목록은, 확실하게 출판 사업을 하는 곳임이 보증된 것이라고 할 수 있다. 최소한 책을 한 권쯤은 출판한 곳이기 때문이다.

서점을 통해서 출판사 목록을 얻으면 좋은 점이 또 하나 있다. 출판사들은 대부분 전문 분야를 가지고 있다. 어떤 출판사는 경제나 경영 분야의 책들만을, 또 어떤 출판사는 컴퓨터 분야만을, 또 어떤 출판사는 법률 분야만을 담당한다.

모든 분야를 다 다루는 출판사는 거의 없다. 비교적 많은 분야를 다루는 출판사들을 '종합 출판사'라고 하는데 이런 종합출판사라 해도 다루지 않는 분야도 있다.

그렇기 때문에 자신이 쓴 원고가 어떤 분야에 속하는지를 따져본 다음에, 그런 도서가 진열된 코너에 가서 출판사의 연락처를 알아보는 것이 좋다. 예를 들어 자기계발에 관한 도서를 썼다면, 대형 서점의 경영 코너로 가서 출판사 연락처를 메모할 일이고, 소설을 썼다면 소설 코너로 가야 한다.

동네에 있는 소형 서점에서는 이런 코너가 제대로 정비되어 있지 않다. 중대형 서점을 가야 한다. 수도권 거주자라면 교보문고나 영풍문고 또는 반디앤루니스 같은 서점을 이용하면 될 것이다. 모두 지하철 1호선의 종각역 근처에 모여 있으므로 편리하다. 지방이라면 광역시 정도의 도시에 있을 법한 중대형 서점을 찾으면 된다.

다음으로 서적을 이용해 출판사 정보를 얻는 방법이 있다. 도서관이나 서점에서 출판연감이나 출판사 목록만을 모아 놓은 책을 찾아서 정보를 얻는 방법이다. 특히 '대한출판문화협회'에서 발간하는 연도별 '출판 연감'은 저작자에게 없어서는 안 되는 귀중한 자료이다.

마지막으로 인터넷을 이용하는 방법이 있다. 인터넷 검색창을 통해서 '출판사'를 검색하거나, 주제별 검색으로 찾는 방법도 있다. 대개 이런 경우에 홈페이지가 있는 출판사만 검색할 수 있다는 단점이 있다.

출판 영역을 고려해 출판을 제안하라

되는 대로 아무것이나 출판할 수 있을 정도로 출판이라는 업무가 그리 녹록한 것은 아니다.

예를 들어 소설책을 출판하던 출판사가 컴퓨터 전문 도서를 출판한다고 하자. 이럴 경우에 컴퓨터 전문 용어를 잘 아는 교정자가 있어야 하고, 또 컴퓨터 도서의 특성상 아주 다양한 그래픽이 들어가는데, 이런 것들을 매끄럽게 처리할 레이아웃(편집) 디자이너도 있어야 한다. 또, 컴퓨터 도서만을 전문적으로 유통하는 도매 서점과도 새로 거래를 터야 한다.

이처럼 도서 분야를 하나씩 늘릴 때마다 필요한 인력이 늘어나고, 새로 익혀야 할 업무 절차와 지식도 늘어나기 때문에, 출판 업무 분야를 무한정 늘릴 수 없다.

우리나라 출판 기업들은 대부분 영세하다. 전체 등록한 출판사의 개수는 2만 개가 넘지만, 일 년에 한 권이라도 책을 출판하는 곳은 2천여 곳 정도밖에 안 된다. 그리고 그 2천여 곳 중에도 오직 사장 한 사람이 운영하거나, 기껏해야 두세 사람이 운영하는 출판사가 상당수다.

비교적 잘나가는 출판사들, 예를 들면 일 년에 백 종이 넘는 신간을 발행하는 출판사라고 해도, 근무하는 인원이 수십 명에 불과하다. 아주 예외적인 대형 출판사도 있기는 하지만, 대부분 이런 출판사는 도서만 발행하는 것이 아니라, 인쇄 업무도 병행하는 경우가 많다.

이런 소규모 출판사들이 자기 영역이 아닌 도서를 출판하기가 쉽지 않다. 새로운 영역을 개척하기 위해서 많은 투자가 이루어져야 하기 때문이다.

컴퓨터 도서를 전문으로 출판하던 출판사가 학습용 참고서를 발행하려고 하면, 한동안은 어려움을 겪는다. 그리고 처음 발행한 학습용 참고서들은 대부분 판매에 실패를 하기 마련이다. 영업 조직이나 판매 조직 그리고 편집 조직까지 제대로 마련되어 있지 않기 때문이다.

　이런 점들을 고려해서 저작자는 출판을 제안할 때에, 해당 출판사의 주된 출판 영역을 잘 알아보아야 한다. 출판 영역을 어떻게 알 수 있을까? 앞에서 언급했듯이, 대형 서점에서 자신의 책이 판매될 것 같은 코너로 간다. 그리고 그 코너에 꽂혀 있는 책들을 발행한 출판사 목록을 알아낸다. 특히, 해당 코너에 두 권 이상 책을 진열한 출판사라면 대체로 그 출판 영역을 전문으로 하는 곳이라고 볼 수 있다.

　만약, 아무 출판사로나 제안을 하면 어떻게 될까? 대개는 이런 경우에 아예 응답조차 않거나, 정중하게 거절을 당하기 마련이다. 헛수고를 하지 않기 위해서라도 출판사의 출판 영역을 잘 알아두는 것이 중요하다.

　대한출판문화협회에서 발간한 '출판연감'을 이용해 제안을 하겠다면 주의할 사항이 있다. 이 연감에도 출판사들의 출판 영역이 기재되어 있다. 총류, 예술, 문학, 사회과학, 자연과학, 공학, 아동과 같은 식으로 분류가 되어 있다. 하지만 이런 분류는 시대에도 맞지 않고, 또 출판연감이 발행된 뒤에 전문 출판 영역을 바꾼 출판사도 있기 때문에, 출판사로 직접 전화해서 출판 영역을 물어보아야 한다.

제안은 이메일로 하라

　예전에는 전화나 우편으로 출판 제안을 하였지만, 인터넷이 발달

한 요즘에는 출판 제안이 거의 이메일로 이루어진다. 드라마에서 연출하는 상황처럼 우체국에 가서 등기 우편으로 원고를 보내는 일은 오히려 드물다.

나의 경우, 출판 제안을 할 때에 이메일을 다음과 같이 쓴다.

제목 : [박진수]"출판 교섭에 대한 지식"의 출판을 제안합니다.

내용 : 귀사의 번창하심을 기원합니다.
이번에 제가 쓴 원고의 일부와 기획 의도를 적은 간단한 기획서를 함께 보냅니다.
검토하시고 출판이 가능한지를 알려 주시면 고맙겠습니다.
저작자의 개인 이력과 연락처는 저술 기획서에 포함되어 있습니다.
그럼, 연락을 기다리겠습니다.

어느 정도 격식을 차리면서도, 너무 지나치지 않은 정도로, 간단하고 명료하게 작성한다. 여러분도 적절한 문구를 사용해 출판을 제안하여 보기 바란다.

참고로, 이메일에 원고를 첨부할 때에 사진이나 그림까지 첨부할 필요는 없다. 그리고 굳이 원고 전체를 보낼 필요도 없다. 원고의 일부만을 별도의 파일로 만들어서 첨부하여도 된다.

그리고 기획서를 첨부하면 좋은데, 저작자가 기획서까지 쓰는 것은 무리이므로, 일단 원고를 보내고 나서 출판사의 안내에 따라서 기획서를 따로 작성해서 보내면 될 것이다. 일반적으로, 홈페이지가 있는 출판사라면 이 기획서의 양식을 제공한다. 그렇지 않다 해도 출판사에 전화로 문의하면 바로 알 수 있다.

기획서를 요구하지 않는 출판사도 있다. 이런 경우에는 전화 연락을 통해서 저작자의 의도를 알려줄 필요가 있다. 대개는 출판사에서 먼저 원고를 검토하고 나서, 출판이 가능하다고 판단이 되면 그때 비로소 저작자에게 기획 의도 등을 물어오는 편이다.

출판 거절은 흔한 일이니 두려워 마라

출판을 제안하였다고 해서 모두 출판될 수 있는 것은 아니다. 실제적으로는 많은 원고들이 빛을 보지 못하고 사장된다.

이렇게 되는 이유는 여러 가지이지만, 가장 근본적인 이유는 출판사의 입장에서 보았을 때에 '돈이 되지 못할 것'이라고 생각하기 때문이다. 갑자기 '돈' 이야기를 하느냐고 하겠지만, 이 돈이라는 말에는 아주 많은 의미가 포함되어 있다.

앞에서도 이야기했지만, 출판사는 영리를 추구하는 회사이다. 자선단체가 아닌 이상, 이익이 나지 않는 출판을 하지 않을 것은 당연하다. 비록 원고의 수준이 높고, 그 내용이 훌륭하다고 하더라도 대중성이 없으면 출판하기가 어렵다. 특히 시집이나 아주 높은 전문 지식을 요구하는 학술 논문이 그렇다.

다만, 똑같은 원고를 보고도 어떤 출판사는 이익이 날 것이라고 생각하고, 또 어떤 출판사는 이익을 내지 못할 것이라고 판단할 수 있다. 그렇기 때문에 일단은 여러 출판사에 원고를 제출해 보아야 한다.

출판사가 출판을 거절하는 또 다른 이유는 출판사의 내부 사정 때문이다. 일반적으로 정가 만 원짜리 소설을 3천 부 정도 출판한다고 하면 순수한 제작 원가만 따져도 천만 원 정도가 필요하다. 대형 출판사가 아니라면 만만치 않은 돈이다. 더군다나 일 년에 몇 종씩 출판하게 된다면 제작비 부담 때문에 부도가 날 수도 있다.

그래서 출판사는 신중에 신중을 기하게 된다. 좋은 내용을 담고 있고, 게다가 시장성까지 있어서 출판하면 돈을 벌어다 줄 것 같은 원고라고 할지라도, 출판사의 이런 내부 사정 때문에 출판을 거절하기도 한다.

출판사가 출판을 거절하는 세 번째 이유는 안타깝게도 비도덕적인 출판사가 있기 때문이다. 제출한 원고를 그대로 출판하게 되면 저작자에게 인세를 지불해야 한다. 이 인세 지불을 피하기 위해서, 초보 저작자로 하여금 원고의 아이디어를 훔쳐서 글을 쓰게 한다. 그리고는 초보 저작자가 모방해서 지은 원고 자체를 산다. 이것을 '매절'이라고 한다. 원고 자체를 샀기 때문에 얼마든지 책이 팔려도 인세를 추가로 지급할 필요가 없어지는 것이다.

예를 들어 정가 분량이 300쪽이고, 만 원짜리 책이 만 권쯤 판매될 것이라고 가정하여 보자. 그러면 총 판매액은 일억 원이고, 이 중에 약 10%를 인세로 저작자에게 지불해야 한다면 천만 원이 된다.

반면에 초급 저작자에게 쓰게 하여 원고를 매절하는 경우에 3백만 원이면 충분하다. 대체로 매절할 때는 한 쪽당 일만 원 정도를 치기 때문이다. 이렇게 매절을 하게 되면 출판사는 앉아서 7백만 원을 추가로 버는 셈이 된다. 이런 비도덕적인 출판사도 분명히 존재한다.

출판사가 출판을 거절하는 네 번째 이유는 원고 자체의 질이 떨어져서일 수도 있다. 이런 경우에 출판사의 명예를 위해서라도 출판을 거절하게 된다.

단, 원고 자체의 질이 떨어진다고 상품성이 없다고 판단할 수는 없다. 원고의 질을 출판사가 잘못 판단할 수도 있고, 성공은 단지 원고의 질만으로 평가되는 것이 아니기 때문이다. 원고의 질이 낮다고 판단되어 수없이 출판을 거절당한 원고들이 세계적인 베스트셀러가 되는 경우가 많다.

이런저런 이유로 출판을 거절당하게 되는 경우가 다반사이다. 그렇기 때문에 출판을 제안할 때에는 한두 군데로만 하지 말고, 출판 계약을 맺을 수 있을 때까지 제안하여야 한다.

만약 열 곳 모두에서 거절을 당한다면, 또 다른 열 곳을 찾아 제안하라. 백여 곳에 제안하는 일이 벌어지더라도 제안을 포기하지는 말아야 한다. 세계적인 베스트셀러 중의 하나는 백여 곳이 넘는 출판사로부터 거절당하고 마지막이라고 생각하고 연락한 출판사와 연결되어 성공하기도 했다.

제안을 한 후에 이 주일 정도 기다린다

　출판을 제안하고 나서는 출판사 측에서 연락을 줄 때까지 일단 기다려야 한다.

　내가 아는 한 출판사에는 하루에도 삼십 건이 넘는 제안이 들어온다고 한다. 출판사 측에서는 이런 제안들을 일일이 다 검토하여야 한다. 기획안이 합당한지, 원고의 질은 어떤지, 상품성은 있는지, 문화적인 가치는 있는지 등을 일일이 따져본다. 저작자가 제시하는 기획안을 바탕으로 출판사 자체적으로 다시 한 번 기획을 하는 셈이다.

　이 기획을 하는 시간이 보통 일 주일에서 이 주일 정도 걸린다. 그러므로 저작자는 이 기간 동안만큼은 출판사를 배려해 주어야 한다. 일단 출판을 제안한 다음에 이 주일 정도는 연락하지 말고 조용히 기다려 주는 것이 좋다. 그러면 내부적으로 기획을 마친 출판사들은 출판이 가능한지를 이메일이나 전화로 알려온다. 만약 원고의 질이 떨어지지만 출판을 하고 싶다고 생각한다면, 저작자에게 연락해서 원고를 보충해줄 수 있는지도 물어볼 것이다.

　만약, 이 기간 동안에도 연락이 오지 않는다면 출판사에 전화해서 정중하게 먼저 원고를 받은 적이 있는지 물어보아야 한다. 간혹 이메일이 수신이 안 되거나, 직원의 실수로 이메일을 미처 확인하지 못하는 경우가 있기 때문이다. 어떤 출판사는 내부적인 문제로 원고 자체를 검토하지 못하는 경우도 있다. 이런 경우를 대비해서 한 번쯤은 출판사로 연락을 해 보아야 한다. 출판사로 연락하여,

"원고를 받았다면 출판 여부가 결정되었는지"를 물어보아야 한다.

어떤 출판사는 시간이 좀더 필요하다고 할 수도 있고, 어떤 출판사는 '다음 기회를 갖자'고 이야기할 수도 있다. 출판사가 하는 말을 문자대로 해석해서는 안 된다. 이런 완곡한 거절을 '출판을 고려하는 중'이라는 식으로 해석해서는 안 된다. 완곡한 거절을 듣고서 출판사를 더 설득하려고 하는 것은 소용이 없다. 이미 충분히 내부적으로 검토를 마친 단계이기 때문이다. 이런 경우에는 깨끗이 포기하고 다른 출판사를 알아보는 편이 좋다.

출판 이야기 4
알음알음 서로 잘 아는 출판계

등록된 출판사들이 2만여 곳이나 된다고 하여도 출판계는 무척 좁다. 출판사 사장들은 대한출판문화협회와 같은 협력단체를 통해서 교류하며, 또 개인적으로 알고 지내는 경우가 많다. 편집장이나 편집 주간 또는 기획자들도 마찬가지다. 그들도 마찬가지로 편집자 회의 사이트를 통해서 교류하기도 하고, 기획자들끼리 연락하여 회합을 가지기도 한다. 그러다보니 출판계의 소식이 빠르게 퍼져 나간다.

한번은 한 출판사에 출판 제안을 한 적이 있었다. 그런데 연락이 온 곳은 해당 출판사가 아니라, 나도 잘 알지 못하는 출판사에서 연락을 해왔다. 어떻게 연락처를 알았냐고 하니, 내가 제안한 출판기획서를 전달 받았다는 것이다. 처음에는 약간 황당하기도 했지만, 나중에서야 출판계 기획자들이 서로 잘 알고 지내는 경우가 많다는 것을 알게 되었다.

뿐만 아니라, 출판 영업인들은 출판 영업인 회의와 같은 인터넷 사이트를 통해서 교류를 다진다. 그래서 어떤 서점이 부도 위기에 처해 있다든가, 어떤 서점이 결제 조건이 까다롭더라 하는 정보들을 서로 공유한다.

5. 자비 출판

시장성이 없는 원고는 자비 출판을 해야 한다

　시는 감성을 풍부하게 해주고, 언어의 벽을 뛰어 넘어서 영혼의 울림을 볼 수 있게 해주는 아주 고귀한 문학 장르이다. 시인들의 영혼은 고매하고, 그들은 평범한 사람들이 느끼지 못하는 것을 느끼며, 도저히 언어로 표현할 수 없을 것 같은 느낌도 시라는 형식을 통해 잘 표현한다.

　그렇지만 시인들은 출판사를 구하기가 어렵다. 설혹 구한다 해도 인세율을 아주 낮게 적용받거나, 아예 매절의 형태로 계약하여 저작권을 넘기거나 출판권을 영구히 넘겨야 하는 경우도 있다.

　그렇기 때문에 시인이 돈을 내어 시집을 출판하기도 한다. 이렇게 자기가 돈을 내서 출판하는 것을 '자비 출판'이라고 한다. 시집이나 설교집 또는 논문집 등이 자비 출판을 하게 되는 경우가 많다. 개인이 기념으로 소량의 책을 출판할 때에도 마찬가지다.

출판사는 문화에 대한 사명을 가진 기관이지만, 이윤이 나지 않고는 존재할 수 없다. 이 두 가지 조건을 모두 만족할 수 있어야 한다. 문화적 사명에만 집착하면 망하기 쉽고, 이윤에만 집착하면 신뢰를 잃게 된다. 그렇기 때문에 소중한 원고를 거절한다고 해서 출판사를 욕할 수도 없는 노릇이다.

자비로 출판하는 또 다른 방법

자비 출판을 해야 하는 상황이라면 자비 출판만을 전문적으로 담당하는 출판사를 찾으면 된다. 대표적인 곳으로는 '자비출판사', '한솜출판사', '상상커뮤니케이션'이 있다. 이외에도 인터넷 검색창에서 '자비 출판'이라는 키워드로 검색해 보면 많은 자비 출판사를 찾을 수 있다.

자비 출판에는 꽤 많은 돈이 든다. 500쪽 분량의 책 한 권을 천 부 정도 발행하는 데에 천만 원 이상 든다. 다행히 요즘은 인터넷과 출판 기술의 발달로 열 부 또는 백 부 단위로도 자비 출판이 가능해지고 있기는 하다. 이런 경우라면 훨씬 적은 비용이 필요할 것이다.

자비로 출판한 도서는 서점을 통해서 널리 보급하기 어렵다. 대개는 가까운 사람들에게 무상으로 나눠주거나, 도서관 등에 기증하게 된다.

혼합 방식으로 출판하는 방법도 있다

어느 정도 판매될 것도 같기는 한데, 그렇다고 손해를 볼 수도 있을 것 같은 서적들도 있다. 특정하고 한정된 주제만을 다룬 서적들이 그런 예이다. 이런 서적이라면 출판사와 혼합 방식의 출판 계약을 맺어서 출판하는 방법이 있다.

여러 차례 언급하지만, 저작자에게 지불하는 인세는 출판 제작 원가의 상당 부분을 차지한다. 이 인세만 줄여도 출판사로서는 큰 부담을 덜게 된다. 그러므로 손해 볼 것으로 보이는 책을 출판하는 경우에 출판사는 인세를 지급하지 않으려고 한다. 출판사가 자선 단체도 아닌데 무작정 손해를 볼 수는 없는 것이다.

그렇다고 저작자에게 아무런 이득도 넘겨주지 않는다는 것은 정당한 일이 아니다. 저작자의 피와 땀이 밴 소중한 원고를 가져다가 마음대로 출판할 수는 없기 때문이다.

이런 경우에 출판사는 양쪽이 다 위험을 부담하자고 제안을 한다. 즉, "우리가 출판을 해 주겠다. 일정한 부수가 판매될 때까지는 저작자도 인세를 포기해 달라. 대신에 기대 이상으로 판매가 되면 그때부터는 인세를 산정해서 주겠다."라고 한다. 또는 "우리가 출판을 해 주겠다. 대신에 초판 발행 비용의 절반은 저작자가 물어야 한다. 그리고 기대 이상으로 출판되면 그때부터 인세를 주겠다."는 식으로 하는 것이다.

이 혼합 방식의 계약은 심심치 않게 이루어지고 있다.

출판 이야기 5

블로그 출판

 자신만 알고 있는 지식을 여러 사람과 함께 나누고 싶은데 출판사를 선정하지 못하는 경우가 있다. 인터넷이 발달하기 전에는 이런 경우, 개인적으로 인쇄를 해서 아는 사람들끼리 돌려보기도 하였다. 그러나 지금은 그럴 필요가 없다. 1인 미디어인 인터넷 블로그를 이용하면 된다. 블로그에 원고를 올려두면 누구든지 그 글을 볼 수 있다.
 이렇게 블로그에 원고를 남겼다가 우연히 출판사의 눈에 띄어 출판 기회를 잡는 경우도 있다. 그러므로 원고가 있다면 그것을 사장시키지 말고 일단 블로그에 남겨둘 일이다. 블로그에 남긴다고 해서 누군가 그 원고를 가지고 맘대로 출판해 버리지는 않을까 염려하지 않아도 된다. 원고를 만드는 순간에 저작권이 생기기 때문에, 누군가가 그 원고를 훔쳐 출판한다면 불법이 되기 때문이다.

6. 책의 발행

책을 발행할 때까지는 시간이 걸린다

출판사는 여러 가지 작업 공정을 거쳐 원고를 책으로 만든다. 책을 제조하는 것이다. 그래서 사업자등록을 할 때에도 출판사는 제조업에 속하게 된다. 원고를 책으로 제조하여 최종적으로 펴내는 것을 '발행'이라고 한다. 출판사의 대표는 '발행인'이 된다.

이 발행이라는 개념은 저작권법에 의하면 '복제'와 '배포' 행위로 이루어져 있다. 복제란 한 권 이상으로 인쇄하는 것이고, 배포란 널리 펴서 보급하는 행위를 말한다.

저작자가 원고를 넘겨 책이 발행될 때까지는 석 달에서 여섯 달 정도 걸린다. 원고의 분량, 그리고 그림이 삽입되는지의 여부, 편집방식에 따라서 약간의 차이는 있지만, 아홉 달 이내에는 발행이 된다. 저작권법에서도 발행에 걸리는 시간에 대한 특별한 약속이 없으면 출판사는 원고를 9개월 이내에 발행해야 하는 것으로 못 박고 있다.

　발행에 시간이 걸리는 이유로는 몇 가지를 들 수 있다.

　첫째로, 출판사는 책을 한두 권만 발행하는 것이 아니기 때문이다. 이미 발행하기로 먼저 계약된 책들이 있다면, 그런 책들과 선후 관계를 따져서 발행해야 한다. 먼저 발행되어야 할 책들의 발행이 늦어지면 뒤에 계약된 책의 발행은 자연히 늦어진다.

　둘째로, 바로 첫째의 이유로 생기는 자금 회전의 문제가 걸리기 때문이다. 얇은 책 한 권을 발행하는 데에도 천만 원 이상의 제작비가 들어간다. 게다가 판매 금액은 푼돈으로 들어오기 때문에 대형 출판사를 제외한 대개의 출판사는 늘 자금 사정이 안 좋다.

　셋째로, 종이의 조달 문제가 걸린다. 책에 소요되는 종이를 아무 때고 구할 수 있는 것은 아니다. 흔히 구하기 어려운 종이를 사용하려고 하는 경우라든가, 갑자기 종이가 품절되는 경우도 있기 때문이다.

　이 밖에도 인쇄소를 섭외하는 문제, 편집 작업을 담당하는 외주 회사와의 문제, 내부 직원의 업무 문제 등, 출판 작업에는 매우 다양한 요소들이 필요하고, 이런 요소들이 일정을 지연시킨다.

　저작자의 입장에서는 자신의 책이 빨리 나오기를 바라지만, 출판사의 입장을 고려해 기다릴 줄도 알아야 한다. 일단, 계약을 하여 원고를 맡겼으면 출판사가 일을 주도하도록 믿고 따라 주어야 한다.

원고는 편집을 거쳐야 책다운 책이 된다

책을 만드는 데 공정 단계는 대개 편집, 인쇄, 제책으로 분류할 수 있다.

편집이란 원고를 보기 좋은 모양새로 만드는 것이다. 이것을 레이아웃 디자인이라고도 부른다. 편집 작업에는 표지 디자인, 속지 디자인, 그림 디자인, 원고의 배치 등의 작업이 모두 포함된다.

편집 작업은 출판사 내부의 편집부에서 담당한다. 일부 출판사는 편집부를 따로 두지 않고, 편집 작업을 외부 업체에 맡긴다. 출판사에서 편집 작업을 외부 업체에 맡길 때에는 한 쪽당 얼마씩 하는 식으로, 작업비를 계산하여 준다.

편집 작업은 대개 매킨토시 컴퓨터로 한다. 아주 유명한 편집 프로그램인 '쿽익스프레스(Qaurk Express)'라는 것을 사용하여 편집한다. 그림을 그릴 때에는 '일러스트레이터(Illustrator)'라는 프로그램을 사용한다. 사진을 처리할 때에는 포토샵을 많이 이용한다.

편집이 끝나면 인쇄를 한다

일단 편집 작업이 완료되면 인쇄 작업이 바로 진행되는데, 인쇄 작업은 또 여러 단계로 나뉜다.

첫 번째 단계는 편집된 파일을 구성하는 각 쪽을 인쇄하려는 종이 크기에 맞추어서 배열한다. 종이 한 장에 여러 쪽, 즉 여러 페이지가 들어가도록 배열을 하는 것이다. 이 배열을 할 때에는 나중에 종이를 다시 접어 책으로 만들 때를 고려한다.

이것을 보통 '터잡기' 또는 일본말로 '하리꼬미'라고 부른다. 일단 터잡기가 끝나면 필름으로 출력한다. 이 터잡기와 필름 출력은 보통 출력소라는 곳에서 담당한다. 필름의 모양이나 투명도는 우리가 흔히 보는 'OHP' 필름과 비슷하지만, OHP 필름에 비해 더 넓고, 더 두껍다.

두 번째 단계는 필름을 가지고 인쇄판을 만드는 것이다. 이것을 '제판' 또는 '소부'라고 하며, 이 일을 담당하는 회사를 '제판소'라고 부른다. 제판이란 쉽게 말해서 판화에 쓸 판을 만드는 것이라고 보면 된다. 우리가 판화를 그릴 때에 먼저 밑그림을 그리고, 그것을 고무판이나 나무판에 대고 스케치를 하고 파내게 된다. 제판이란 바로 이 판을 만드는 작업이라고 보면 된다. 필름을 밑그림으로 해서 금속판에 그림과 글씨를 새기는 것이다. 필름에 빛을 쪼여서 그 아래 있는 청동판에 책을 새긴다.

일단, 판이 만들어지면 이것을 인쇄기에 걸어서 인쇄한다. 컬러 인쇄물이라면 필름을 네 가지 색상으로 뽑는다. 색의 삼원색에 해당하는 세 장의 필름과, 검정색을 표현하는 또 다른 한 장의 필름을 뽑는다. 네 장의 필름에 맞추어서 판도 네 개가 만들어진다. 이 네 개의 판을 인쇄기에 각각 걸어서, 각각 해당하는 색상만을 인쇄하면, 이 색상들이 하나로 합쳐져 원하는 색상이 나오게 된다. 최근에는 필름 출력부터 인쇄까지의 네 단계를 한 번에 처리하는 기계가 많이 보급되었다. 덕분에 출판사의 일이 많이 줄었다.

출판사들은 거의 외부의 인쇄 업체를 이용한다. 출판사가 인쇄기를 직접 소유하고 인쇄하는 경우는 드물다. 인쇄기의 가격이 만만치 않은 데다가, 항상 책을 인쇄해야 하는 것도 아니기 때문이다.

일단 인쇄되어 나온 종이는 다시 제본소로 넘겨져서 한 권의 책으로 묶여진다. 제본소에서는 낱장으로 된 종이를 본드나 실을 이용해서 책으로 엮는 작업을 한다. 인쇄소와 제본소는 대개 별도의 업체인 경우가 많다. 대개 인쇄 업체와 제본 업체는 서울의 충무로와 을지로 사이에 많이 모여 있다. 그리고 영등포 시장 근처에도 있다. 대형 인쇄소들은 최근에 파주에 있는 출판단지로 입주하는 추세다.

제본된 책은 다시 한 번 칼질을 당한다. 책의 귀퉁이를 깔끔하게 칼로 다듬는 것이다. 이것을 '재단' 이라고 한다.

재단까지 마친 책은 완전한 한 권의 책이 된다. 이 책들을 출판사의 창고 또는 출판사가 지정한 창고에 잠시 보관한다. 소규모 출판사들은 이 창고마저도 빌려서 쓴다. 자체적으로 창고를 두지 않는 것이다.

편집 과정은 몇 달씩 걸리는 데 반해서, 책의 제작 기간은 길어야 일주일에서 열흘 정도 걸린다.

출판 이야기 6

약한 자여, 그대 이름은 '출판사'

출판사들은 대개 영세하게 시작한다. 변두리의 허름한 건물, 서너 평 남짓한 사무실에 직원이라고 해봐야 사장 한 사람과 사장을 돕는 여직원 한 명이 있다. 게다가 대개의 경우 여직원은 사장의 아내일 경우가 많다.

내가 알고 지내는 한 출판사도 그랬다. 그러나 출판사의 사장님은 매우 신사적이었고, 그분의 아내 또한 그랬다. 그분들은 책을 출판하는 것 자체가 좋다며, 자금 사정으로 곤란을 겪으면서도 집을 담보로 대출을 받아서 또 책을 펴냈다. 지식을 보급하기 위한 어떤 사명감이라도 있는 것일까?

들리는 말에 의하면 대박을 노리는 사람도 있다고 하지만, 이렇게 철저하게 사명감만으로 출판사를 경영하시는 분도 있다. 나는 그런 분들에게 대박의 기회가 꼭 한 번이라도 찾아가기를 기원한다.

출판계에서 대박이라고 하면 베스트셀러나 밀리언셀러를 만드는 것이다. 만 원짜리 책이 밀리언셀러가 되면 총 100억 원의 시장이 만들어진 셈이고, 출판사 매출액은 60억 원 안팎이 된다. 그리고 거기서 순제조비용을 제외하면 약 30억 원이 남게 된다. 이렇게 되면 단 두 명이던 직원이 순식간에 수십 명으로 늘어날 수 있다. 단, 이때가 가장 위험하다. 밀리언셀러가 계속 나오는 것은 아니어서 몸집만 불렸다가 몸집을 감당하지 못하고 곧 부도가 나기도 하기 때문이다. 그래서 "밀리언셀러가 한 번 터지면 부도나고, 세 번 터지면 탄탄대로로 접어든다."는 속설이 전해진다고 한다.

대박의 꿈만 꾸는 출판사이든, 사명감만으로 책을 펴내는 출판사이든 밀리언셀러를 세 번씩 맞이하게 되기를 소망해본다.

7. 책의 유통

책의 유통 과정을 알아두어야 하는 이유

지금부터는 책의 유통 과정을 설명하고자 한다. 유통 지식을 알아두면 출판사가 제시하는 판매 현황을 이해하기가 쉬워진다. 또 출판 계약을 맺을 때에도 도움이 된다. 편집, 제본, 인쇄, 제책, 반품, 현매, 위탁과 같은 용어들이 저작자에게도 살이 되고 뼈가 되는 지식들이다. 출판사의 정황을 정확히 파악할 수 있는 힘도 된다.

책을 서점으로 가져가는 것을 배본이라고 한다

제책을 완료하고 창고로 들어간 책이 모든 서점으로 바로 배송이 되지는 않는다. 출판사가 전국의 수천 개나 되는 서점을 모두 상대할 수는 없으므로, 지역별 도매 업체에 판매를 의뢰하게 된다. 그러면 도매 업체는 책들을 다시 작은 서점에까지 배송하게 되는 것이다.

예외적으로 교보문고 등의 일부 대형 서점에 한해서는 출판사가 직접 서점으로 배송하기도 한다.

이렇게 책을 배송하는 과정을 '배본'이라고 부르는데, 창고에 있는 책이 전국으로 배송되는 데에는 이틀에서 사흘 정도밖에 안 걸린다. 생각보다 아주 빠르게 유통이 된다.

유통이 이루어지는 경로는 다양하다

배본 과정과 책의 판매 과정 그리고 반품 과정 등을 모두 포함하여 유통이라고 할 수 있다.

책의 유통 경로는 매우 다양하다. 이런 경로가 너무 많아서 출판사가 아주 골치를 앓고 있다. 복잡한 유통 경로를 줄이자는 운동도 해 보기도 하지만, 그게 그렇게 간단하게 해결될 문제가 아닌 것 같다.

가장 일반적인 경우는 대형 유통 전문 회사를 통해서 유통하는 방법이다. 국내에는 약 백여 개 정도의 도서 유통 회사가 있다. 출판사는 이들 유통 회사와 개별적으로 계약을 맺고 책을 유통한다. 유통 회사는 일종의 도매 서점이라고 볼 수 있다. 대표적인 유통 회사로는 북센, 송인서적, 한국출판협동조합, 날개물류, 북플러스가 있다.

이들 유통 회사는 소비자와 직접 거래를 하지는 않는다. 주로 소매 서점에 책을 공급하며, 때로는 규모가 더 작은 도매 서점에도 책을 공급하기도 한다.

저작자는 때로 이런 유통 회사를 통해서 자신의 책이 얼마나 판매되고 있는지를 알고 싶을 때가 있다. 그렇지만 결코 판매 자료는 저작자에게 공개되지 않는다. 출판계에서 유통 물량은 가장 비밀스런 정보이다. 이 정보가 노출되면 저작자와 출판사 간에, 출판사와 출판사 간에, 출판사와 기획사 간에 문제나 오해가 생길 수 있기 때문이다.

왜 동네 서점에서 저작자의 책을 볼 수 없을까?

흔히 저작자들은 "우리 동네 서점에서는 왜 내 책을 볼 수 없는 걸까?"라는 질문을 하곤 한다.

워낙에 유통 경로가 복잡하다보니, 전국의 모든 서점에 책이 배본될 수가 없다. 예를 들어 출판사가 A라는 도매 서점과 거래하는데, A 측이 관리하는 동네 서점에 바로 저작자의 동네 서점이 포함이 안 될 수도 있는 것이다.

출판사가 전국의 모든 도매 서점과 거래할 수도, 모든 소매 서점과 거래할 수도 없기 때문에 이런 현상이 오히려 자연스러운 것이다.

출판사가 모든 서점과 거래하지 못하는 가장 큰 이유로는 도매 서점이나 소매 서점을 신뢰할 수 없다는 점을 들 수 있다. 도매 서점이 부도를 낼 수도 있고, 소매 서점이 망할 수도 있다. 이렇게 되면 출판사는 판매 대금을 회수하지 못한다. 특히 IMF 사태를 전후로 해서 판매 대금을 회수하지 못해 부도난 출판사가 많았다. 그래서 출판사 측에서는 규모도 있고, 자금력도 있고, 영업력도 있다고 생각되는 곳을 골라 거래하게 되는 것이다.

서점도 망한다. 그것도 자주 망한다. 도매 서점도 자주 망하고, 소매 서점도 자주 망한다. 내가 저작자로 활동하는 기간 동안에도 도매 서점이 망해서, 꽤 큰 출판사가 수십억 원대의 판매 대금을 회수하지 못해 휘청대는 것을 보았다.

일 년에 몇백 종의 책을 발간하는 출판사들은 도매 서점과의 거래량도 엄청나다. 도매 서점이 하나 망하면 출판사는 몇억 원에서 몇십억 원까지도 떼이는 수가 있다. 이러니 출판사는 믿을 수 있는 곳만을 골라 거래할 수밖에 없는 것이다.

책이 위탁 판매 위주로 판매되는 이유

사실 이런 유통의 문제 말고도 출판사의 입장에서 보았을 때에 어려운 문제가 한두 가지가 아니다. 서점의 경우에도 마찬가지다. 이런 사정을 고려하여 출판사와 서점은 책을 대개 위탁 판매라는 형태로 유통시킨다. 그 이유를 곰곰이 따져보자.

첫째로, 서점에 진열된 책이라고 해도 다 판매되는 것은 아니기 때문이다. 일부 도서는 먼지를 뒤집어 쓴 채 몇 년씩 재고로 남게 된다. 안 팔리는 책은 몇 년을 진열해도 안 팔린다.

둘째로, 책의 유통 마진(margin)이 적기 때문이다. 서점은 책의 정가의 20 ~ 30% 정도의 이익을 남길 수 있다. 예를 들어 정가가 만 원이라면 책 한 권을 팔 때마다 이천 원에서 삼천 원 정도가 남게 된다. 꽤 많이 남는다는 생각을 할 수 있지만 그렇지는 않다. 의류의 마진이 50 ~ 80%가 보통이고, 어떤 경우는 100%가 넘기도 하며, 가방과 같은 상품은 마진이 통상 50%라는 점을 고려하면 책의 마진이 적다는 것을 알 수 있다.

셋째로, 책이 경기를 잘 타기 때문이다. 책은 소비재가 아닌 문화 상품이기 때문에 경기를 아주 많이 탄다. 소비가 얼어붙으면 제일 먼저 타격을 입는 것이 바로 출판계이다. 소비자들은 주머니가 가벼워지면 제일 먼저 문화적 지출을 줄인다. 영화 관람비나 도서구입비부터 줄이는 것이다.

넷째로, 책이 대량으로 불법 복제되고 있는 것도 한 이유이다. 우리나라는 저작권에 대한 관념이 희박해서 책을 아주 자연스럽게 복사해서 쓴다. 대학교의 복사 코너에서 전공 서적들이 불법 복제되고, 교회나 사찰 같은 종교 단체에서 아무런 양심의 가책도 없이 악보를 통째로 복사해서 쓰고 있다.

이런저런 이유로 서점에서는 책을 판매하기가 쉽지 않다. 그러다 보니 서점에서는 책을 출판사나 도매상으로부터 돈을 주고 사다 팔지 않는다. 서점은 도매상이나 출판사로부터 책을 받아 일단 진열한 뒤에, 책이 팔릴 때에 한해서만 책값을 지불해준다. 안 팔리는 책들은 다시 반품해 버린다. 이런 판매 형태를 '위탁판매'라고 한다.

쉽게 얘기해서 출판사가 서점에게 "내 책을 진열하고 팔아 주세요. 팔리면 이익금을 떼어 줄게요. 안 팔리면 내가 다시 가져오겠습니다."라고 하고 물건을 맡겨 두는 것이다.

"아니, 그러면 서점의 입장에서는 전혀 손해 볼 것이 없는 장사가 아닌가요?"라고 물어볼지도 모르겠다. 그렇다. 손해 볼 것이 없다. 그런데도 망하는 서점들이 생기는 데에는 다 그만한 이유가 있다.

책을 진열하려면 공간이 필요하다. 바로 서점 건물이나 가게가 필요한 것이다. 그리고 서점 주인도 먹고 살아야 할 것이다. 그런데 책을 팔아서 받게 되는 이익보다 이런저런 비용이 더 나가게 되면 망하는 것이다.

잘 팔리는 책은 서점이 현금을 주고 사간다

위탁판매 이야기를 했으니 '현매'라는 것에 대해서도 알아보자. 아주 잘 팔릴 것 같은 책이 있다고 하자. 예를 들면 해리포터 시리즈와 같은 것 말이다. 이런 책은 없어서 못 판다고 할 정도로 인기가 있었다. 이런 경우에 서점들은 아예 현금을 주고 출판사나 도매상으로부터 책을 산다. 이것을 줄여서 현매라고 부른다. '매절'이라고 부르기도 한다. 그리고 서점은 출판사에게 현금을 주는 대신에, 책을 저렴한 가격에 넘겨달라고 한다.

일반적으로 위탁판매를 통해서는 정가의 20%나 30%만을 이익으로 갖게 되지만, 이렇게 현금을 주고 책을 사게 되면 한 권당 최대 40~60%까지 이익을 얻을 수 있다. 만 원짜리 책을 현매로 구입하면 4천 원이나 6천 원을 이익으로 남길 수 있다는 것이다. 게다가 잘 팔리기 때문에 재고로 남을 여지도 없다고 할 수 있다.

만약 현매한 책이 생각보다 안 팔려서 책이 서점에 남게 되면 어떻게 될까? 이때 그 책임은 고스란히 서점이 져야 한다. 책을 반품할 수가 없다. 어떻게든 그 책을 팔아야 하는 것이다. 이렇게 현매에는 위험이 따르기 때문에, 대개 책을 충분히 팔 수 있는 능력이 있는 대형 서점이 주로 현매를 한다. 그리고 현매를 할 때에는 충분히 팔 수 있다고 여겨지는 분량만큼만 구입한다.

발행부수의 10 ~ 20%는 재고로 쌓인다

일반적으로 2,000부 정도 책을 발행하면 유통 과정 중에서 200 ~ 400부 정도가 출판사의 재고로 남게 되는 것으로 알려져 있다. 재고가 되는 이유는 몇 가지이다.

첫째, 책의 외형이 파손된 경우이다. 책이 유통되는 과정에서 독자나 유통 담당자의 부주의로 표지가 찢어지거나, 때가 묻거나, 부록이 유실되는 경우가 그것이다.

둘째, 책의 내용이 낡아 버리는 경우이다. 특히 컴퓨터와 같은 첨단 기술을 다룬 도서나 법을 다룬 도서일수록 그렇다. 기술이 하루가 다르게 변하여 미처 책이 다 판매되기도 전에 낡은 내용이 되어 버린다. 법학 분야도 마찬가지다. 법이 수시로 바뀌기 때문에 일 년 이상 지난 법학 도서의 내용은 신뢰할 수가 없다는 말까지 나오고 있다.

셋째, 서점이 관리를 못하는 경우이다. 독자의 시선이나 손이 닿지 않는 곳에 책을 꽂아 두어 책을 무용지물이 되게 해 버리는 것이다. 이런 경우에도 서점은 반품을 하면 그만이므로 서점 입장에서는 손해를 보지 않는다. 출판사만 재고를 떠안게 되는 것이다.

이런저런 이유로 발행 물량의 10 ~ 20%를 재고로 안게 되고, 폐지 값만 받고 처분하게 된다. 이 손해를 저작자에게 부담 지우는 출판사도 있다. 계약서에 '출고 부수의 85%를 실제 판매 부수로 보고'라는 식의 문구를 집어넣는 것이다. 재고로 안게 될 15% 정도의 수량에 대해서는 인세를 지급할 수 없다는 뜻이다. 출고된 책들 중에 15%는 다시 반품되는 경우가 대부분이니, 아예 그 부분에 대해서는 서로 책임을 지자는 의미이다.

저작자의 입장에서야 사실 이런 조항이 불리한 것이기는 하다. 재고 처리까지 저작자가 책임을 질 이유는 없다. 될 수 있으면 이런 조항은 계약서에서 빼도록 할 일이다.

'판'과 '쇄'의 의미를 알아두자

출판 계약을 마치고 나서 처음으로 발행된 책자를 보통 '1판' 또는 '초판'이라고 부른다. 이 초판 발행 부수는 계약에 따라서 달라진다.

예를 들어 전문가만이 볼 책이라면 초판을 보통 1,000부 정도만 발행하는 경우도 있다. 그렇지 않고 대중성이 있는 책이라면 보통

2,000부 또는 3,000부를 발행한다. 실용서처럼 대중성이 더 있는 책이라면 5,000부 정도를 발행한다. 아주 명망 있는 저작자의 책이라면 초판이 몇만 부 또는 몇십만 부가 되는 경우도 있다. 그렇지만, 가장 일반적인 경우는 초판이 3,000부이다.

출판사가 초판 발행 부수를 결정짓는 결정적인 요소는 손익분기점이다. 즉, 최소한 초판을 발행해서 판매하면 손해는 안 보도록 하겠다는 것이다. 대개 출판사는 2,000부 또는 3,000부 정도를 초판으로 발행한다.

왜 하필 2,000부 또는 3,000부일까? 이 정도 발행하면 재고를 안을 부담도 덜하고, 잘 안 나가는 책이라고 할지라도 이 정도는 팔리며, 전국 각지의 서점에 한두 권씩 진열해 두기에 적당한 수량이기 때문이다.

일단, 이렇게 초판이 다 판매되었을 때에 그 다음에 발행하는 책은 2판이 되는 것일까? 그렇지는 않다. 여기서 '쇄' 라는 개념이 나온다. 책의 내용이나 편집이 바뀌지 않은 상태에서 인쇄만 더 하는 경우에는 '판을 바꾼다' 고 하지 않고 '쇄를 늘린다' 고 한다. 즉, '증쇄' 한다고 말한다.

출판사는 이렇게 판과 쇄를 구분한다. 판이란 책의 내용이나 편집 형태가 바뀐 상태를 말하고, 쇄란 추가로 발행한 횟수를 말한다. 그래서 1판 1쇄부터 시작하여 1판 2쇄, 1판 3쇄 하는 식으로 쇄가 늘어간다.

판권지에는 이 판과 쇄의 수가 나타나 있다. '2005년 ○○월 ○○일제1판 12쇄 발행'과 같은 문구가 그것이다. 이 문구를 보면 초판을 발행하고 나서, 판을 바꾸지 않은 채로 12번에 걸쳐서 인쇄하였다는 것을 알 수 있다. 그러므로 계약을 하고 나서 처음 발행한 책에는 당연히 '제1판 1쇄 발행'이라고 쓰이게 된다.

저작자가 원고를 보강하였거나, 또는 편집 형태를 바꾼 경우에는 쪽 수도 달라지고, 내용도 달라져 새로운 '판'이 된다. 이런 식으로 1판, 2판, 3판으로 점차 판수가 늘어나게 된다. 2판은 관행적으로 '중판' 또는 '재판'이라고 부르기도 한다.

그렇다면 판과 쇄의 수만을 보고 발행부수를 알 수 있을까? 그렇지 않다. 예를 들어 '초판 11쇄 발행'이라고 판권지에 쓰여 있다고 해서 "1쇄에 대략 2,000부씩 발행했다고 보고, 대략 22,000부 정도 발행하였구나."라고 생각하면 오산이다.

1쇄에 몇 부를 찍을지는 출판사 마음이다. 예를 들어 1판 1쇄에는 2,000부를 찍었다가, 예상외로 책이 잘 판매되어, 1판 2쇄부터는 한 번에 5,000부씩 찍을 수도 있다. 그 반대인 경우도 있다.

판과 쇄는 몇 번이나 내용이 바뀌었는지, 그리고 몇 번이나 인쇄를 하였는지를 알 수 있게 해 주는 정보에 불과하다.

출판 이야기 7

베스트셀러의 분류법

베스트셀러라고 하면 가장 잘 팔리는 책을 말한다. 이 정의를 곧이곧대로 따른다면 세계적인 베스트셀러는 단 한 권밖에 없다. 바로 성경이다. 그러나 베스트셀러에 대한 정의를 조금 더 확장한다면 해리포터 시리즈도 베스트셀러라고 할 수 있다.

우리나라에서는 베스트셀러라고 하면, 교보문고와 같은 대형 서점이나 대한출판문화협회의 판매 집계에서 10위 이내에 든 것을 가리키기도 한다. 또 베스트셀러는 종합베스트셀러와 분야별 베스트셀러로 나뉜다. 분야별 베스트셀러는 톱셀러(top seller)라고도 부른다.

스테디셀러(steady seller)라는 것은 꾸준히 잘 팔리는 책을 말한다. 크라운출판사에서 펴낸 운전면허시험용 모의고사 문제집은 베스트셀러이자 스테디셀러이다. 대개 특정 전문 분야를 다룬 서적들이 스테디셀러인 경우가 많다.

베스트셀러 중에는 100만 권 이상 팔린 책들이 나온다. 유홍준 교수의 《나의 문화유산 답사기》와 같은 책이 그 예이다. 100만 권 이상 팔린 책을 밀리언셀러라고 부른다.

천만 권 이상이 팔렸다는 홍은영 작가의 《만화로 보는 그리스 로마 신화》는 그럼 무엇이라고 부를까? 단순히 밀리언셀러라고 부르기에는 너무 판매량이 많다. 이런 경우에는 메가셀러(mega seller)라고 따로 부르기도 한다.

8. 저작권의 개요

▎후반전으로 들어가며

이전까지 필자는 일곱 가지 꼭지를 다루었다.

1. 원고를 작성하는 방법
2. 자료를 인용하는 방법
3. 번역 원고를 작성하는 방법
4. 출판사를 섭외하는 방법
5. 자비로 출판하는 방법
6. 책이 제작되는 과정
7. 책이 유통되는 과정

지금까지 다룬 내용은 전반전에 해당한다. 그리고 전반전에서 다룬 내용들은 모두 후반전을 위한 것이다. 이제부터는 후반전을 열

차례이다. 후반전에서는 저작자와 출판사가 치열하게 다투는 점들을 다루고 있다.

후반전은 저작권에 대한 설명으로 시작한다. 출판 계약에는 인세의 산정 방법이라든가, 저작권과 관련된 지식이 필수적이다. 그 중에서도 저작권에 관한 지식이 중요하다. 후반전에서 다루는 내용들은 다음과 같다.

1. 저작권에 대한 이해
2. 출판 계약을 맺는 기술
3. 인세와 인세 정산에 관한 지식
4. 출판사나 저작자의 불법 행위에 대응하는 방법
5. 출판 계약을 해지하는 방법
6. 2차적 저작물에 대한 지식

이 후반전은 아주 중요하다. 저작자의 권리를 보장받느냐, 그렇지 못하느냐는 후반전에 달려있다. 후반전의 핵심은 '저작권'이다. 후반전의 모든 내용은 저작권을 중심으로 서로 유기적으로 연결되어 있다. 그러므로 후반전에서 다루는 모든 내용을 통째로 이해하기 바란다.

저작권에 관련된 중요 용어들

무엇인가를 새롭게 만들어내는 것을 창작이라 한다. 이런 창작활동과 저술하는 일을 합하여 '저작'이라고도 한다. 저작에 의해서 만들어진 물품을 '저작물'이라고 한다. 시, 원고, 논문, 가사, 가곡, 사진, 그림이 모두 저작물에 해당한다.

저작물을 만든 사람을 '저작자'라고 한다. 시인, 화가, 작가, 소설가가 모두 저작자이다. 교수나 강사도 저작자이다. 그들이 강의한 내용을 녹음하게 되면, 그 녹음물이 바로 저작물이 되고, 그것의 저작자가 바로 교수나 강사가 된다.

저작물에 대한 저작자의 권리를 '저작권(copyright)'이라 하며 저작권을 보호하기 위한 법률이 '저작권법'이다. 저작자의 창작을 보호하기 위한 것이다. 창작은 문화 발전의 밑거름이기 때문이다.

창작품을 나타내는 수단, 즉 매체는 여러 가지이다. 말이나 글, 그림이나 사진, 영상이나 음향 등으로 종류가 아주 많다. 이런 창작의 수단에 개의치 않고 창작하기만 하면 일정한 권리를 보장하는 것이 저작권이다.

이 저작권에 대해서 더 깊이 알아보자.

저작권은 여러 가지 권리들로 이루어져 있다

저작권은 크게 '저작 인격권'과 '저작 재산권'으로 구분할 수 있다.

'저작 인격권'이란 저작자의 인격과 관련된 권리이다. 저작물에 저작자의 이름을 표시하거나 하지 않을 권리, 책의 제목을 정하고 유지할 권리, 책의 내용을 수정하지 못하게 할 권리 그리고 자신의 저작물을 공표할지 말지를 결정할 권리가 그것이다. 이것들은 모두 저작자의 인격을 표시하는 수단이거나 저작자의 인격을 나타내는 방식이기 때문에 그렇다.

이 저작 인격권은 저작자에게만 속할 수 있는 권리이다. 전문 용어로 '일신 전속권'이라고 한다. 이것은 남에게 팔거나 상속할 수 없는 권리이다. 예를 들어 저작권을 출판사에 넘겼다고 해도 출판사가 마음대로 제목을 바꾸거나, 저작자의 이름을 바꾸거나, 내용을 첨삭할 수 없다. 상속도 마찬가지다. 저작권을 상속 받은 사람이라고 해도 그런 행위를 할 수 없다.

'저작 재산권'은 저작 인격권과는 달리 재산적인 성격이 강한 권리이다. 재산이기 때문에 다른 사람에게 팔 수도, 물려줄 수도 있다. 양도나 상속이 가능한 것이다.

이 저작재산권은 다시 크게 일곱 가지 권리로 나뉜다. 이 분류는 저작권법에 따른 것이다.

첫째, 복제권이 있다. 복사하거나 인쇄할 권리를 말한다.

둘째, 공연권이 있다. 시나리오를 썼다면 그것을 공연하게 할 권리가 저작자에게 있다. 따라서 연극 단체에서 공연을 할 때에는 원저작자에게 허락을 받아야 한다.

셋째, 방송권이 있다. 방송을 통해서 많은 사람들에게 알릴 권리가 저작자에게 있는 것이다. 예를 들어 방송 시나리오에 대한 방송 결정을 할 권리가 저작자에게 있는 것이다.

넷째, 전시권이 있다. 예를 들어 사진이나 미술 작품인 경우에 그것을 전시할 권리 또한 저작자에게 있는 것이다. 도서도 마찬가지다.

다섯째, 배포권이 있다. 이것은 복제권과 합하여 '출판권'을 이룬다. 배포하려면 복제하여야 하기 때문이다. 서점을 통해서 책을 공급하는 것도 일종의 배포 행위이다.

여섯째, 전송권이 있다. 서점을 통해서 책을 공급하는 것을 배포라고 한다면, 전송이란 주로 인터넷과 같은 정보통신망을 통해서 배포되는 것이라고 보면 된다.

일곱째, 2차적 저작물 작성권이 있다. 예를 들어 원작 소설을 바탕으로 시나리오를 쓸 권리가 소설 작가에게 있는 것이다. 따라서 소설을 바탕으로 영상 대본을 만들거나 연극 대본을 만드는 사람은 소설 작가에게 허락을 받아야 한다.

저작권은 나누어 줄 수 있다

저작권 중에서 저작재산권을 이루는 일곱 가지 권리를 나누어서 줄 수도 있고, 몰아서 줄 수도 있다. 대개 출판권 설정 계약인 경우에 복제권과 배포권을 넘겨주는 것으로 해석하며, 계약 조항을 추가하여 전송권이나 기타 권리까지 출판권 설정 대상으로 하는 경우도 있다.

따라서 저작자는 출판권 설정 계약을 맺었다고 하더라도 복제권과 배포권을 제외한 나머지 권리에 대해서는 다른 업체와 별도의 계약을 맺고 권리를 판매할 수 있다.

다만, 출판권 설정 계약서에 '일체의 출판권을 양도한다.' 라는 식으로 추상적인 조항을 넣는 경우에 문제가 발생한다. 출판권에 포함된 권리를 무엇으로 볼 것인가라는 점이 그것이다. 대개의 출판 계약서들은 출판권이라는 식으로 뭉뚱그려 표기하고 있어, 출판사에 유리하게 해석할 수 있도록 해놓고 있다.

따라서 저작자는 출판 계약을 맺을 때에 출판권의 범위를 명확하게 하는 문구를 삽입하자고 주장하는 것이 좋다. '계약 도서의 복제권과 배포권을 출판권의 대상으로 본다.' 라는 식의 조항을 삽입하는 것이 좋다. 또는 '이 책의 복제권과 배포권을 양도한다.' 는 식으로 계약을 맺어도 좋을 것이다.

저작권을 조금 더 쉽게 설명한다면

앞에서 저작권을 학술적인 방식으로 세분하여 설명하였지만, 이것을 순전히 책을 저술하는 저작자의 입장에서 알기 쉽게 정리하여 보자.

저작권 중에서 주로 책의 출판과 관련하여 관심을 둘 수 있는 저작자의 권리를 정리하여 본다.

1. 자기 책의 제목을 정할 권리
2. 책을 출판할 출판사를 정할 권리
3. 출판사로부터 인세를 받을 권리
4. 출판 계약 기간이 지나면 출판사를 옮길 수 있는 권리
5. 원고를 유지할 권리

이 저작자의 권리 중에 일부를 출판사에 넘겨주거나, 일부 권리를 사용할 수 있도록 허락하는 것이 바로 '출판 계약'이다. 출판 계약에 대해서는 뒤에서 따로 다루겠다.

저작권은 저작물을 만든 순간에 생긴다

그렇다면 저작권은 언제 생기는 것일까? 그리고 어떻게 저술해야 생기는 것일까?

저작자는 창작과 동시에, 즉 저작물을 만드는 동시에 저작권을 자동으로 보유하게 된다. 책을 저술하는 순간에 저작자는 그 책에 대한 저작권을 주장할 수 있다. 시 한 편을 지었어도, 그 시를 짓는 순간 저작권이 발생한다. 사진을 촬영하는 것도 마찬가지로 사진 촬영과 동시에 저작권이 생긴다.

이처럼 저작물을 만드는 순간에 저작권의 보호를 받도록 하는 주의를 법률 용어로 '발생주의'라고 한다. 이것과는 다르게 등록을 해야만 저작권이 생기는 것으로 간주하는 경우를 '등록주의'라고

한다. 우리나라에서는 발생주의를 택하고 있다.

책을 굳이 출판하지 않아도, 굳이 특정 기관에 등록하지 않아도 저작권이 생긴 것으로 보는 것이다. 그렇기 때문에 인터넷에 쓴 글도, 막 촬영을 끝내고 사진기에 담겨 있는 사진도 저작권 보호의 대상이 된다.

저작권은 저작물의 크기와 상관이 없다. 아주 간단한 시 한 편, 단순한 소논문, 사진 한 컷을 작성하는 순간에 저작권이 생긴다. 또 책의 분량이 얼마가 되었는지도 상관없다. 또 저작물이 담긴 매체와 상관없이 저작권의 보호를 받는다. 원고지에 쓰든, 워드프로세서로 작성하든 저작권이 생긴다. 프린트를 하든지 하지 않든지, 책으로 출판하든지 하지 않든지에 관계없이 일단 저작자가 저작물을 만들어 내기만 하면 저작권이 생긴다.

저작권을 보호받을 수 있는 행정 절차

만약 촬영한 사진이 자신의 것이라고 입증할 수 없을 때에는 어떻게 되는가? 인터넷에 올린 글을 다른 사람이 자신의 것이라고 주장해 버린다면 어떻게 할 것인가?

저작자라면 자신의 소중한 원고를 도둑맞고 싶지는 않을 것이다. 출판사와 섭외하는 과정에서, 지인들에게 원고를 읽히는 과정에서, 다른 사람들과 이메일을 주고받는 과정에서 원고가 유출되어 다른 사람이 저작권을 주장하는 상황을 맞고 싶지는 않은 것이다. 이런 경우는 거의 없다고 보아야 하겠지만, 저작자에게 이것은 상당히 심각한 우려로 다가온다.

우리나라 저작권법에 의하면 저작물을 만드는 그 순간에 이미 저작권이 이루어지는 것으로 되어 있다. 비록 원고를 누군가가 훔쳐 출판하더라도, 그보다 먼저 책을 저술했다는 것을 증명할 수만 있으면 된다. 다른 사람에게 이메일을 보낸 내역이라든가, 컴퓨터 파일에 저장된 날짜와 같은 것이 유력한 증거가 될 수 있다.

그것보다 더 확실한 증거를 남기는 방법도 있다. 문화관광부 소속 기관인 '저작권 심의 조정 위원회'에서는 별도의 저작권 등록 제도를 갖춰 놓고 있다. 이곳에서 제시한 방법대로 일정한 형식을 갖추어 관련 서류를 제출하고 소정의 수수료를 내면 저작권을 등록해 둘 수 있다. 저작권 등록은 책이 출판되기 전에라도 할 수 있으므로, 미처 출판사를 섭외하지 못한 경우에 저작권을 입증할 수 있는 강력한 증거를 만들어 둘 수 있다.

저작권 보호 기간과 저작권의 상속

우리나라의 법에 의하면 저작권 보호 기간은 저작자가 살아 있는 동안과, 저작자가 사망한 이후 50년까지이다. 저작권자가 살아 있는 동안에는 내내 보호를 받으며, 죽은 뒤에도 상당한 기간 동안 보호를 해 주는 것이다.

따라서 저작권은 상속할 수 있는 재산이 되며, 유족들은 상속 받은 저작권을 관리하고 수익을 얻을 수 있는 권리를 가지게 된다. 저작자는 이런 저작권을 유족이 잘 상속할 수 있도록, 출판 계약서 등을 잘 보관하였다가 물려줄 일이다. 그렇지 않다면 유족이 나중에 저작권의 상속자라는 것을 따로 입증해야만 한다.

만약 계약서를 물려받지 않은 유족이라면, 신분 관계를 증명하고, 그 증명에 따라서 출판사와 새로 계약을 맺으면 된다. 이때에는 언제부터 소급해서 인세를 받을 것인지를 확실하게 결정해야 한다. 그리고 나머지 계약에 필요한 제반 사항은 일반적인 출판 계약과 같다.

저작자의 권리를 돕는 기관들

저작자가 그 권리를 보호받기 위해 도움을 얻을 수 있는 기관이 여럿 있다. 대표적인 곳을 알아보자.

우선 문화관광부가 있다. 우리나라의 저작권에 대한 총체적인 지원과 관리를 담당하는 곳이다. 반드시 이곳의 홈페이지를 방문해보기 바란다.

다음으로 '저작권심의조정위원회(www.copyright.or.kr)'가 있다. 서울 강서구 방화동에 위치하고 있으며, 저작권 분쟁이 있을 경우 이곳의 도움을 받으면 된다. 소송을 하지 않더라도 판결에 버금가는 조정을 받아 낼 수 있다. 또한 저작권과 관련된 세미나, 저작권 등록을 담당한다. 저작자의 저작물을 이곳에 등록해두면, 자신이 저작자임을 증명할 수 있다. 향후 소송이 전개되는 경우에 강력한 증거 수단을 마련하는 셈이다. 구체적인 등록 절차 등은 홈페이지에 잘 나와 있다.

한국만화가협회(www.cartoon.or.kr)는 주로 만화가의 권리를 보호하는 데 힘쓰고 있다. 한국문인협회(www.ikwa.org)는 주로 소설가나 시인의 권익 보호에 힘쓴다.

한국문예학술저작권협회(www.copyrightkorea.or.kr)는 주로 교수들이 모여서 자신들의 저작권을 보호하고자 하는 단체이다. 지금은 교수 외에 많은 저작자들이 협회 회원으로 가입하고 있다. 이 단체의 활동 덕분에 출판계의 잘못된 관행들이 일부 고쳐지고 있기도 하다. 또한 수시로 저작권 위반 사례를 적발하여 적절한 조치를 취하고 있다. 이곳에 회원으로 가입하여 저작권 관리를 신탁할 수 있다.

한국복사전송권관리센터(www.copycle.or.kr)는 각종 도서관이나 교육기관에서 암암리에 이루어지는 불법 복사를 방지하고, 복사에 따른 수수료를 받아, 대한출판문화협회에 등록한 출판사들에게 배분해주고 있다. 출판사가 이익을 배분받으면 저작자에게도 이익이 될 것이다. 실제로는 미미하기는 하지만 말이다.

저작자 자신이 자신의 권리를 지키기 위해 애쓰지 않으면 누구도 그 권리를 위해 투쟁해 주지 않는다. 저작자가 주도적으로 이런 단체들을 방문하고, 협의하여 그 힘을 자기의 힘으로 삼기를 바란다.

출판 이야기 8

너무 보수적인 교수님

 출판사에 원고를 제공하는 사람들은 주로 대학 교수들이다. 문인과 자유기고가 또는 특정 분야의 전문인들이 있기는 하지만, 아직까지는 지식 공급자의 대세는 교수인 것 같다. 그런데 출판계는 교수들이 대부분 보수적이라고 판단한다. 물론 여기서 '보수적'이라는 말은 정치적인 용어가 아니다. 출판사 뜻대로 움직일 수 없는 사람이라는 의미이다.

 교수들은 책의 제목을 바꾸거나, 원고를 가감하는 일을 대체로 싫어한다. 물론, 그것을 좋아할 저작자가 있을 리 만무하지만, 그래도 교수가 아닌 저작자들은 출판사에 협상의 기회를 열어준다. 반면에 교수들은 그런 협상의 여지조차 원천 봉쇄하는 경우가 많다고 한다.

 나는 이 점에 대해 자주 출판사 관계자의 하소연을 듣는다. 제목만 살짝 바꿔도 몇만 부 판매는 보장될 것 같은 질 높은 원고를 받았음에도 불구하고, 제목을 못 바꿔 몇천 부밖에 판매되지 않았다며 울듯 말듯 하소연을 해온다. 그러면서 나에게는 그러지 말아달라고 부탁한다. 나를 설득하기 위해서 하는 소리인지 모르겠지만, 내가 접촉한 대부분의 출판사들이 한결같이 하는 소리라는 것을 감안하면, 교수들이 '보수적'인 것은 사실인 것 같다.

9. 출판 계약의 종류

출판 계약의 종류는 세 가지다

저작자가 출판사와 어떻게 계약을 맺는가, 계약 조항에 어떤 것들이 포함되어 있는가에 따라서 양자의 권리가 크게 달라진다. 그렇기 때문에 저작자는 출판 계약을 맺을 때에 주의해야 한다. 가장 주의해야 할 점은 바로 출판 계약의 종류이다. 저작자가 출판사와 맺을 수 있는 계약은 크게 세 가지로 나눌 수 있다.

1. 출판 허락 계약(저작물 이용 계약)
2. 출판권 설정 계약
3. 저작권 양도 계약(흔히 매절 계약이라고도 부름)

이 세 가지 출판 계약의 형태에 따라서 저작자의 권리는 크게 달라진다. 잘못하면 저작자의 권리를 빼앗기는 수도 있다. 그러므로 이제부터 이것들에 대해 알아보자.

출판 허락 계약 또는 저작물 이용 계약

저작자가 자신의 책을 출판하는 것을 허락하는 계약을 '출판 허락 계약' 또는 '저작물 이용 계약'이라고 한다. 단순히 출판을 허락만 하기 때문에 출판사는 출판만 할 수 있을 뿐 그 외의 모든 권리는 다 저작자가 가지게 된다.

또한 저작자는 동일한 작품에 대한 출판 허락을 여러 곳에 할 수 있다. 또한 출판 허락 계약에 따라서 이미 출판된 책이라고 할지라도, 저작자는 출판사의 허락을 받을 필요가 없이 잡지 등에 동일한 글을 기고할 수도 있다.

잡지나 신문에 글을 기고하는 행위는, 특별한 계약이 없는 한은 자기의 글을 출판할 수 있도록 허락해 준 것으로 본다. 즉, 양 당사자 간에 '출판 허락 계약'이 이뤄졌다고 보는 것이다. 따라서 그런 글을 모아서 책으로 펴내어도 법적인 문제가 되지 않는다.

저작자에게는 가장 유리한 계약이다. 문예학술저작권협회와 같이 저작자의 권리를 옹호하는 단체에서는 저작자가 될 수 있으면 이 출판 허락 계약의 형태로 계약하기를 권한다.

보통 출판 허락 계약서의 제목은 '출판 허락 계약서' 또는 '저작물 이용 계약서'와 같다. 그리고 본문에는 '저작자는 원고의 복제와 배포를 허락하고' 라는 문구가 들어간다.

출판권 설정 계약

저작자가 출판을 허락힐 뿐만 아니라 출판에 대한 권리 자체를 일정 기간 동안 출판사에 넘겨주는 것을 '출판권 설정 계약'이라고 한다. 출판사들이 출판 허락 계약보다 더 선호하는 계약 방식이고 거의 모든 출판 계약이 이 방식으로 이루어져 왔다.

출판권을 설정하면 계약서에 정해진 기간 동안에 출판과 관련된 모든 권리를 출판사가 저작자를 대신해서 행사하게 된다. 따라서 저작자라고 할지라도 출판된 책을 잡지에 기고하려 할 때에는 출판사의 허락을 받아야 한다.

저작자가 가지고 있는 저작재산권 중에서 어떤 것을 출판권 설정의 대상으로 할 것인지는 저작자와 출판사가 계약할 때에 정한다. 보통 '복제권'과 '배포권'은 출판권의 기본 설정 대상이다. 출판사들은 여기에 '전송권'과 '2차 저작물 작성권'까지 요구하는 경우도 있다. 이런 경우 '복제/배포/전송/2차적 저작물의 작성에 관한 권리를 출판사가 가진다.'라는 식으로 계약 문구를 작성하게 된다.

따라서 저작자는 저작자의 지적재산권 중에서 어떤 권리를 출판사에 넘겨 줄 것인가를 신중하게 고려해야 한다. 될 수 있으면 복제권과 배포권을 제외한 나머지 권리는 저작자가 가지고 있는 것이 좋다.

특히 2차적 저작물 작성에 관한 권리를 저작자가 가지고 있어야 한다. 이 권리를 저작자가 가지고 있어야 소설을 바탕으로 시나리오를 만든다든가, 영화를 제작하는 등의 결정권과 이익을 저작자가 누릴 수 있기 때문이다.

저작자가 처음으로 책을 출판하는 상황이라면, 아직은 저작자가 약자의 입장에 있기 때문에, 출판권 설정 계약을 하는 수밖에 없을 것이다. 그러나 출판권 설정 계약의 기간을 3년이나 5년 정도로 한정해 두고, 그 기간이 끝나면 새로 계약을 맺되 출판 허락 계약의 형태로 하는 것이 좋을 것이다. 이렇게 해서 저작자의 입지를 넓히는 것이 바람직하다.

보통 출판권 설정 계약서의 제목은 '출판권 설정 계약서'라고 표시하며, 계약서의 조항 중에 '출판권을 출판사가 가지고'라든가 '저작자의 권리 중에 복제/배포/전송에 관한 권리는 출판사가 가지고'라는 식의 문구가 포함되게 된다.

저작자는 문예학술저작권협회와 같은 단체를 통해서 '표준 출판 허락 계약서'를 구해 볼 수 있다. 그리고 대한출판문화협회에서는 '표준 출판권 설정 계약서'를 제공하고 있다. 이 두 가지 형태의 계약서를 자세히 검토해 보기를 바란다. 전자는 저작자의 권리를 대변하는 단체이고, 후자는 출판사의 권리를 대변하는 단체이다. 이 양자의 주장과 원하는 계약의 형태를 확실하게 비교해 볼 수 있을 것이다.

저작권 양도 계약과 매절 계약

출판계에서 관행적으로 쓰이는 '매절 계약'이라는 용어는 법학에서 다루는 '저작권 양도 계약'과 거의 같다. 이 둘을 구분하기는 쉽지 않다. 흔히 매절 계약을 '출판권만을 영구적으로 출판사에 속하게 하는 것'이라고 해석하는 사람도 있고, '저작권 일체를 영구적으로 출판사에 속하게 하는 것'이라고 해석하는 사람도 있다. 그러므로 여기서는 매절 계약을 후자의 의미로 보고 설명을 전개해 나가고자 한다.

일부 출판사들은 원고의 질이 떨어진다거나, 이름 없는 저작자라거나, 또는 저작자가 출판계의 관행이나 저작권법에 무지하다고 판단이 되면, 인세를 지불하는 대신에 아예 '저작권'을 사버리는 경우도 있다. 출판사가 출판권을 가질 뿐만 아니라, 아예 저작권까지도 갖겠다는 것이다.

매절 계약이란 한마디로 말하면 저작자에게서 저작권을 영구적으로 사서 출판사의 것으로 하는 계약이다. 대개 이런 매절 계약은 독창성이 드문 컴퓨터 매뉴얼과 같은 분야에서 행해지고 있다. 또 일부 만화 저작자나 소설 저작자를 대상으로 매절 계약을 요구하는 경우도 있다.

일단 매절 계약을 맺으면 저작자는 자신의 책에 대한 권리를 잃게 된다. 저작권을 완전히 출판사 측으로 넘겨준 셈이 되어 저작자는 자신의 저작권을 잃는 것이다. 그렇기 때문에 추가로 인세를 요구하거나, 출판사를 옮길 수 없게 된다. 그 저작권은 매절 계약을 맺은 출판사가 갖는다.

단, 매절 계약을 맺었다고 할지라도 저작인격권만은 거래 대상이 되지 않는다. 비록 저작권을 양도한다고 해도 저작자에게만 해당하는 저작자의 인격권까지 넘기지는 않는 것이라고 보는 것이 일반적인 해석이다. 따라서 책의 제목이나 내용은 출판사의 마음대로 바꿀 수 없고, 저작자의 이름은 언제나 표시하여야 한다.

그럼에도 불구하고 출판사 일부에서는 매절 계약으로 저작재산권과 저작인격권을 모두 사는 것으로 잘못 알고 있다. 매절 계약을 맺은 원고의 제목을 마음대로 바꾸거나, 내용을 바꾸는 경우가 흔하다. 게다가 저작자의 이름까지 삭제하고 '○○○ 연구회'라느니 하는 유령 단체를 내세워 출판하는 경우도 있다.

매절 계약서의 제목은 '저작권 양도 계약서'가 일반적이고, 그 계약 조항 중에는 '이 책의 일체의 권리를 출판사가 가진다.'라는 식으로 쓴다. 일체의 권리라는 것을 저작자는 출판권으로 알았다가, 나중에 가서야 출판사가 저작권 대신에 쓴 용어임을 알게 되는 경우도 있다.

매절 계약을 할 때에 출판사는 저작권을 갖는 대가를 저작자에게 지불한다. 통상적으로 출판사에서는 이것도 인세라고 부르기는 한다. 하지만 명백히 인세와는 다른 것이므로 혼동해서는 안 된다. 이것을 인세로 볼 수는 없고 '저작권 양수도 대금'이라고 보아야 한다. 저작권을 넘겨주고 넘겨받는 대가이기 때문이다.

일반적으로 매절 계약을 맺을 때에는 책의 분량을 기준으로 삼는다. A4 용지를 기준으로 한 쪽당 대략 일만 원에서 삼만 원 정도의 대가를 저작자에게 지불한다. 예를 들어 원고 분량이 A4 용지를 기준으로 300쪽 분량이고, 한 쪽당 만 원씩 주기로 하였다면 300만 원을 지불하는 셈이 된다. 또는 원고 한 편당 얼마씩 지불하기도 한다.

이런 매절 계약은 저작자에게 너무 불리한 것이 아닐 수 없다. 저작권은 저작자가 죽은 후에도 상당히 오랜 기간 동안 지닐 수 있는 권리이다. 굉장히 큰 권리라고 할 수 있다. 그런데 그것을 단 몇백만 원에 넘기는 것은 저작자에게 무척 불리한 일이다.

그럼에도 불구하고 매절 계약이 이루어지는 이유는 매절 계약을 맺는 대부분의 저작자들이 가난하고 법을 잘 모른다는 데 있다. 출판사를 구하지 못하는 경우가 많다는 것도 이유가 된다. 이런 저작자의 다급한 사정을 이용해 저작권을 싼 값에 넘겨받는 것이 매절 계약의 현실이다. 저작자의 입장에서는 당장에 받을 수 있는 몇백만 원이, 출판사를 구하지 못해 출판을 제대로 할 수 없을지도 모를 원고보다는 몇 배 더 낫다고 생각할 수도 있는 것이다.

저작자의 의도와는 상관없이 매절 계약이 이루어지는 경우도 있다. 출판사를 통해 출판하는 대가로 상당히 큰 금액을 지급받고, 출판사에게 권리를 넘겨주기로 하였다고 하자. 이럴 때에 출판사는 저작권까지 넘겨 준 것이라고 주장할 수도 있다. 대개 '구두로 그런 계약을 했노라'는 식으로 주장한다.

출판사들은 이렇게 매절 계약을 통해 받은 원고를 그대로 출판하지 않는다. 일단, 저작권을 넘겨받은 후에는 원고를 가필한다. 즉, 원고를 보강하는 것이다. 이렇게 보강된 원고는 저작자가 처음 넘긴 원고보다는 질적으로 더 낫기 때문에 판매가 잘될 가능성이 높아진다. 이렇게 성공 가능성을 높여서 출판하게 됨으로써 출판사는 큰돈을 벌게 된다.

백만 권이 넘게 팔린 한 유명한 책도 이런 매절 계약으로 저작권이 출판사에 넘어간 예가 있었다. 해당 출판사에서는 원고를 보강해 출판함으로써 크게 성공하였고, 큰돈을 벌게 되었다. 저작자는 그만큼 손해를 본 셈이다. 다행히 법원은 판례를 통해 이런 불법적인 매절 계약에 쐐기를 박은 적이 있다. 이 판결의 요지는 다음과 같다.

'비록 매절 계약을 했더라도 저작자가 매절 계약을 맺지 않았더라면 받을 수 있었던 인세에 비해 매절로 받은 대가가 현저하게 작다면, 매절 계약은 사회적인 통념을 넘어선 부당한 것이므로, 출판권 설정 계약 또는 출판 허락 계약이라고 보는 것이 타당하다. 그러므로 매절 계약을 맺은 출판사의 출판권은 3년이 지나면 소멸되는 것이 명백하다.(서울민사지방법원, 1994.6.1. 판결, 94 가합 3724)'

이 판결을 통해서 배고픈 저작자들을 울리던 일부 출판사들의 나쁜 관행은 많이 사라졌지만, 여전히 일부 출판사들은 매절 계약을 실행하고 있는 형편이다.

저작자들은 법에 무지한 경우가 대부분이다. 법학을 전공하지 않는 이상 어쩔 수 없는 부분이다. 자기 분야에 최선을 다했기 때문에 책을 쓸 능력이 생겼을 것이고, 그만큼 자기 분야 외의 지식에는 소홀할 수밖에 없는 것이 저작자이기 때문이다. 매절 계약을 원하는 출판사들은 바로 이 점을 노린다.

저작권법이나 출판 계약에 무지한 저작자들의 약점을 노리는 것이다. 나는 바로 이런 점 때문에 자기 책을 출판하려는 사람들은 반드시 이 책을 통해서라도 기초 지식을 얻기를 바란다.

결론적으로 말해서 저작자는 저작권 양도 계약 또는 매절 계약을 맺을 필요가 없다.

매절 계약을 방지하려면 첫째, 구두 계약을 하지 말아야 한다. 계약서를 작성하여 저작권이 아닌 출판권만을 넘겨준 것이라는 점을 분명히 하여야 한다.

둘째, 출판 계약서의 제목과 그 내용을 잘 살펴보아야 한다. 계약서의 제목은 '출판권 설정 계약서' 나 '출판 허락 계약서' 가 되어야 한다. '저작권 양도 계약서' 는 매절 계약서를 의미한다.

셋째, 문구 중에 '이 책에 대한 권리 일체를 출판사에 넘긴다.' 라거나 '이 책의 권리는 출판사가 가진다.' 라는 식의 문구가 있다면 매절 계약으로 해석될 여지가 있다. 그러므로 이런 문구가 있는지 잘 살펴보고 삭제를 요구해야 한다.

이미 매절 계약이 이루어진 것이라고 출판사가 주장한다면 법적으로 다투는 수밖에 없다. 계약서가 없는 상황에서 매절 계약인지 아닌지는 그때의 정황을 자세히 따져 보아야 한다.

저작자가 받은 선인세가 통상적인 범위를 넘어서 상당히 큰 경우에는 매절 계약으로 판단될 가능성이 높다. 반면에 저작자가 받을 수 있는 총 인세에 비해서 실제로 받은 인세가 작고, 또 저작자도 매절 계약을 맺지 않았다고 주장한다면 매절 계약이 아닌 것으로 판단될 것이다. 최종 판단은 저작권심의조정위원회나 법원이 한다.

10. 출판 계약을 맺기 전에 알아둘 것

우리나라 출판 계약의 실제

지금까지 10여 권에 이르는 출판 계약을 맺은 나의 경험으로 볼 때, 출판사가 제시하는 출판 계약서에는 저작자에게 불리한 내용이 많았다.

또한 출판 계약의 형태나 인세의 지급 시기 및 지급 방법에 대해서 명확하게 제시하지 않아서 서로 간에 오해를 사는 경우도 있었다. 인지를 첨부하지 않거나, 내부 규정이라며 인지 첨부를 거절하는 경우도 있었다. 이것은 비단 필자의 경험만은 아닌 듯하다. 저술 활동을 통해서 알게 된 저작자들도 이런 어려움을 호소하고 있다.

이런 경험들을 공유하고, 저작자의 권리를 찾기 위한 협의체를 마련하는 것이 시급하다고 본다. 또한 법률 개정을 통해서 저작자의 권리를 더 확실하게 보장하는 것도 필요하다. 특히 발행 부수나 판매 부수의 공인인증제도를 연구하고 정착할 필요가 있다고 본다.

저작자와 출판사 간에 가장 문제가 되는 부분이 실제 판매 부수를 저작자가 알기 어렵다는 점에 있기 때문이다. 그리고 판매 부수를 속이는 일이 아직도 일부 출판사에 의해 이루어지고 있다.

그렇지만 이런저런 제도가 정착되기까지는 많은 시간이 걸리므로, 우선 저작자들이 스스로 저작권에 대한 지식, 출판계에 대한 지식으로 무장할 필요가 있다고 본다.

출판 계약을 맺기 전에 사전 지식을

대개 출판 계약을 할 때, 계약서를 출판사가 준비하며, 출판사의 우월한 지위를 이용하여 저작자에게 일방적으로 불리한 계약 조건을 제시하기도 한다. 저작자로서는 저작권을 포함한 법률 지식이 없기 때문에 출판사가 제시하는 조건들이 저작자에게 불리한 것인지, 유리한 것인지 판단하기 어렵다.

저작자가 계약에 관한 충분한 사전 지식을 가지고 있다면, 계약을 맺을 때에 출판사에 일방적으로 끌려 다니지 않을 수 있다. 이런 이유로 나는 이 책에서 출판 계약에 필요한 지식을 제공하고자 한다. 여기서 미처 제공하지 못한 정보는 대한출판문화협회, 문예학술저작권협회, 저작권심의조정위원회의 홈페이지를 참고해 보기 바란다.

출판 계약을 맺기 전에 계약서를 먼저 보내달라고 하라

출판 계약 조항을 세심하게 살펴보려면 시간이 필요하다. 그러므로 계약을 맺기 전에 사전에 출판사 측의 계약서를 보내 줄 것과 제시할 수 있는 조건을 알려달라고 해야 한다.

막상 출판사를 찾아가서 계약하는 시점에서 검토하려 하면 안 된다. 정신적으로도 여유가 없고, 또 출판사 측의 분위기에 압도되어 출판사에 유리한 쪽으로 계약하기 십상이다. 그러므로 계약을 할 때에는 충분한 여유 시간을 가지고 면밀히 계약 조항을 검토해야 한다. 그리고 사전 협의를 통하여 어느 정도 인세율이라든가 하는 것들을 약속해 놓고 계약에 임해야 한다.

문예학술저작권협회의 홈페이지에서 표준 출판 계약서를 내려 받아 출판사가 보내준 계약서와 비교 검토해 보면 좋다. 이때 특별히 주의해서 볼 사항들은 다음과 같다.

출판권 설정의 기간

출판권으로 넘길 저작재산권의 종류

출판권의 자동 연장 조항

완고의 납입 시기

책의 발행 시기

인세율

인세의 산정 방법

선인세(선급금)의 액수

선인세 및 인세의 지급 시기
계약 해지의 조건
교정 비용의 부담
감수 비용의 부담
삽화 비용의 부담

이런 사항들 하나하나는 저작자의 권리와 소득에 관련이 있다. 그렇기 때문에 저작자는 계약서의 관련 조항들을 세심히 살펴 보아야 한다.

에이전시의 도움을 받자

저작자 본인이 직접 계약을 맺는 것이 두렵다면 저작권 중개 업체나 저작권 신탁 관리 업체의 도움을 받는 방법도 있다.

저작권법에 의하여 설립된 저작권 중개 업체와 저작권 신탁 관리 업체들이 활동하고 있다. 전자는 주로 외국 서적을 국내에 중개하는 일을 하고, 후자는 주로 국내 저작자들의 저작권을 보호하는 일을 한다. 출판계에서는 이들을 통틀어 에이전시(agency)라고 부른다.

부동산 중개업소는 부동산을 팔려는 측과 사려는 측을 연결해 주고 중간에서 수수료를 받는다. 물론, 믿고 거래할 수 있는 조건이나 상황은 알아서 마련해준다. 표준계약서를 준비해 둔다든가, 등기부를 복사해 준다든가, 보증 보험에 가입하는 식으로 말이다. 출판계에서 이런 중개업소의 역할을 하는 곳이 에이전시다. 출판권을 넘기고 인세를 받으려는 저작자와, 인세를 주고 출판권을 받으려는 출판사 사이에서 중개를 해준다.

이들 에이전시들은 저작자의 입장에서 좀더 유리한 계약이 이루어지도록 돕는다. 인세의 지급 비율, 출판권 설정 기한, 인세 지급 방식, 자료 열람 권리 등의 핵심적인 사항에 대해서 저작자를 대신해서 유리한 방식을 찾아 주는 것이다. 에이전시 중에서 주로 저작권 중개 업체가 이 일을 담당한다.

에이전시는 출판이 된 후에도 꾸준히 저작권 관리를 해준다. 저작자는 법률에 대해서 상대적으로 무지하기 때문에, 저작자를 대신해서 출판사의 불법 행위를 감시하고, 저작자의 권익을 찾는 일도 해준다. 에이전시 중에서 저작권 신탁 관리 업체가 주로 이런 일을 한다. 이런 면에서 보면 저작권 에이전시들은 부동산 중개업소의 성격과 변호사 사무실의 성격을 함께 지니고 있다고 볼 수 있다.

그렇다면 이들 업체들은 어떻게 수익을 낼까? 부동산 중개업소가 거래 금액의 일정 비율만큼을 수수료로 받듯이, 저작권 에이전시도 인세에서 일정한 비율을 수수료로 받는다. 대개는 저작자가 받는 인세의 10 ~ 20% 정도를 받는 것으로 알려져 있다.

이런 에이전시들이 국내에 여럿 있다. 출판 연감이나 인터넷 검색을 통해서 쉽게 이런 에이전시를 찾을 수 있다. 검색을 할 때에는 '저작권 중개'나 '저작권 신탁'이라는 검색어를 사용하면 된다.

국내에서 활동하는 에이전시들 중에 상당수는 주로 외국 출판물을 국내에서 번역 출판할 수 있도록 중개하는 일을 한다. 물론, 국내 저작자들의 저작권 대리 업무도 병행하기도 한다.

자신의 책의 저작권을 이런 에이전시에 맡길 수 있을지 없을지는 직접 연락하여 협의해 보아야 한다. 또는 원고를 가지고 먼저 이런 에이전시에 연락하여 출판 계약을 대신 진행해 줄 수 있을지 물어보아야 한다. 출판 경험이 없는 저작자이거나 자신의 저작권 관리에 신경을 쓸 여력이 없는 저작자라면 이런 에이전시를 통하는 편이 더 나을 수 있다.

저작권 신탁 관리 업체들은 꼭 도서의 저작권만을 관리하는 것은 아니다. 미술 작품, 사진, 건축, 영화나 영상, 도형, 음악도 모두 저작권 관리의 대상이 될 수 있다. 이 모든 것이 저작권법에서 보호하고 있는 창작물이기 때문이다. 그러나 책을 쓰는 저작자의 입장에서는 그런 곳을 알 필요는 없고, 도서와 관련된 업체들만을 알아두면 된다.

대한출판문화협회에서 발간한 '한국출판연감'에는 이런 저작권 중개 및 신탁 관리 업체의 목록이 수록되어 있다. 이 목록에 보면 각 업체의 전문 분야도 기재되어 있는데, 그 기재사항이 '어문' 또는 '서적'이라고 쓰여 있는 곳이 책에 대한 저작권을 관리하는 업체이다.

대표적인 에이전시로는 한국저작권센터, 에릭양에이전시, 신원에이전시, 임프리마 에이전시, 인터오스트레일리아, 바다저작권회사, (주)이카를 들 수 있다. 이 밖의 에이전시에 대한 정보는 저작권심의조정위원회나 대한출판문화협회를 통해서 얻을 수 있다.

한국문예학술저작권협회도 이런 에이전시에 속한다. 처음에는 교수와 작가들을 중심으로 저작자의 권리를 찾으려 한 것에서 시작하였으나, 현재는 정식으로 저작권 신탁 관리업 등록을 하고 저작자의 권리를 대변하고 있다. 이곳에 저작물의 관리를 맡길 수 있다.

출판 계약 당일에 준비할 것들

출판사가 출판 제안을 받아들이게 되면, 계약을 하자고 저작자에게 연락을 해온다. 그러면 적당한 날짜와 시간을 약속하고 만나면 된다.

계약은 대체로 출판사에서 이루어진다. 물론, 호텔의 커피숍이나 저작자의 사무실에서 이루어질 때도 있다. 그러나 출판사의 위치나 규모를 알아보기 위해서라도 저작자가 시간을 내서 출판사를 찾는 편이 나을 것이다.

계약을 할 때에는 깔끔한 정장 차림으로 가는 것이 좋다. 첫 인상이 평생을 좌우하기 때문이다. 캐주얼한 옷차림이라도 단정하게 입으면 된다.

계약 시간은 오후 2시에서 4시 사이로 잡는 것이 좋다. 이 시간이 심리적으로 안정된 시간이기 때문이다. 오전 시간은 피하는 것이 좋다. 대부분의 회의와 연락이 오전에 이루어지기 때문이다. 너무 늦은 오후라면 퇴근 시간이 임박하기 때문에 서로의 눈치를 봐야 하는 경우가 생긴다. 점심시간도 피해야 하는 것은 물론이다.

계약을 하러 갈 때에 도장 외에 특별히 준비할 것은 없다. 간혹 어떤 출판사는 신분증과 통장 사본까지 요구하는 경우가 있다. 이것은 사전에 출판사와 협의해 볼 일이다. 대부분의 출판사는 이런 것들을 요구하지 않는다. 대신에 계약서에 주민등록번호와 주소를 적고, 인세를 입금할 계좌를 적어 달라고 요구한다.

 도장은 필히 지참하는 편이 좋다. 출판 계약서는 2부를 작성하여, 한 부는 출판사가, 한 부는 저작자가 보관하게 된다. 이때, 2부의 계약서를 펼치고 그 양쪽에 걸쳐서 간인을 찍게 된다. 간인을 사인으로 하기는 힘들다. 그래서 도장이 필요한 것이다. 물론, 조금 더 서구화된 출판사에서는 간단한 사인만으로도 계약할 수 있기는 하다. 그러나 한국에서는 아직도 도장이 사인보다 더 통용된다는 점을 알아야 한다.

 대개 출판사가 출판 계약서를 준비한다. 저작자가 출판 계약서를 지참하고 가는 경우도 있기는 하다. 이런 경우 출판사는 매우 불쾌하게 생각한다. 그러므로 저작자는 출판 계약을 맺을 때에 출판사가 제시하는 출판 계약서를 수정하는 방향이 좋다.

 대부분의 출판 계약서는 문화관광부와 같은 관련 단체가 제공한 '표준 출판 계약서'의 문항과 비슷하게 작성되어 있다. 대한출판문화협회나 저작권심의조정위원회 또는 문예학술저작권협회의 홈페이지에서도 표준 출판 계약서를 구할 수 있다. 계약하기 전에 이것들을 참조하면 된다.

출판사가 일방적인 계약 조건을 제시해 올 때

　출판사가 자신들에게만 유리하게 계약서를 만들더라도 걱정할 것은 없다. 저작권법으로 저작자의 권리를 강력하게 보호하기 때문이다. 우리나라 법의 기본 원칙에 따라서, 법보다는 개인 간의 계약이 우선이기는 하지만, 명백히 저작자에게 불리한 조항은 저작권법이 우선한다. 법원에서도 그런 식으로 판결한 예가 있다.

　다만, 오해를 살 여지가 많은 부분이 출판 계약서에는 항상 존재한다. 예를 들면 인세 지급 기준과 같은 것이 그것이다. 그런 오해를 살 문구로 저작자에게 불리하게 계약서를 꾸미는 출판사도 존재하기는 한다. 그러므로 주의하여야 한다.

　계약 당일에 출판사는 회사 내부의 규정을 들어서 일방적인 계약 조건을 제시해 오는 경우가 있다. 예를 들면 인세를 "판매 부수의 85%만 지급하며 1년에 두 차례 정산해서 지급한다."와 같은 것이 그것이다. 계약을 하기 위해 모든 준비를 마치고 출판사로 찾아갔는데, 뜻하지 않은 불리한 조건을 제시할 때에 저작자는 무척 불쾌해진다.

　저작자가 쉽게 출판사를 섭외하기 어렵다는 점이라든가, 출판 시기를 놓쳐서는 안 되는 책인 경우에 특히 그런 조건을 제시한다. 이런 식으로 저작자에게 불리한 조항을 하나둘씩 계약서에 끼워 넣는 것이다.

　따라서 저작자도 나름대로 살 길을 열어 두는 것이 좋다. 복안을 가져야 한다. 일단, 한 출판사와만 교섭하지 말아야 한다. 어느 한 출판사에서 출판을 하기로 결정할 수준의 책이라면 다른 출판사도 관심을 가질 것이다. 그러므로 출판사와 최대한 유리한 쪽으로 협상을 진행해 나가면서, 여차하면 다른 출판사와 계약할 수도 있음을 보여 주어야 한다.

저작자도 그렇고, 출판사도 그렇고 둘 다 문화의 주체답게 지나치게 불합리한 조항을 강요하지는 않을 것이다. 저작자가 합리적으로 출판사를 설득하면 대체로 계약 조항을 저작자의 의도에 맞추어 수정해 준다.

만약 출판사 측에서 계약 조항의 수정이 불가하다고 하고, 저작자의 입장에서도 도무지 받아들일 수 없다고 한다면, 깨끗이 계약을 접고 다른 출판사를 찾으면 된다. 출판사도 수많은 저작자를 상대하기 때문에 한 저작자의 요구 사항만을 일방적으로 들어주는 데에도 한계가 있다. 오히려 깨끗이 계약을 접는 편이 향후 다른 책의 계약을 위해서라도 관계를 유지하는 데에 바람직하다.

출판 이야기 9

관행과 법

내가 계약한 한 출판사의 편집장이 관행이라며 책의 제목과 부제목, 그리고 심지어 원고까지 임의로 정하거나 수정하겠다고 하였다. 출판계에는 아직도 저작권법보다는 관행을 주장하는 사람들이 있다. 법보다 관행이 우선이라는 것을 강조하고, 구태에서 벗어나지 못하는 사람이 있다. 나는 그럴 때면 강력하게 저자의 권리를 주장한다.

저작권법은 저작권을 보호하기 위한 제도적 장치와 환경을 조성하기 위해 제정된 법이다. 따라서 관행과 법이 서로 어긋나는 경우에는 법이 우선한다.

나는 이런 점들을 주장하며 그 편집장에게 항의했고, 결국 내 뜻을 관철시켰다. 그 후 편집장의 태도가 누그러져서, 원고 하나를 수정할 때에도 임의로 하지 않고 나의 의견을 물어보았다. 그렇게 상대가 부드럽게 나올 때에는 나도 부드럽게 나가지 않을 수 없다. 결국, 서로에게 원만하고 좋은 방향으로 제목도 바꾸고, 원고도 상당히 첨삭하였다. 하지만 만약에 편집자가 관행을 주장하며 계속 임의로 원고를 수정하겠다고 했으면 나는 계약을 해제하였을 것이다.

관행과 법 중에서 저자는 언제나 법을 택해야 한다. 법에서 정해준 권리를 마음껏 주장할 필요가 있다.

11. 시기와 관련된 계약 조항들

출판권 설정 기간은 어느 정도일까?

　출판 허락 계약 또는 출판권 설정 계약을 맺을 때에 그 시한을 정해둘 수 있다. 대부분의 출판 계약서에는 "출판권의 설정 기한은 계약일로부터 10년으로 한다."와 같은 문구가 포함되어 있다. 이것을 '계약 만료 시점'이라고 한다.

　만약, 계약서에 계약 만료 시점이 포함되어 있지 않았다면 저작권법에 의하여 3년으로 한 것으로 정해진다. 출판계에서는 관례적으로 10년 정도를 계약 기간으로 잡기를 원한다.

　이 계약 기간 또한 저작자와 출판사 간의 협의 사항이므로 신중히 고려하여 결정할 일이다. 계약 기간이 짧을수록 저작자에게 유리하고, 길수록 출판사에 유리하다. 설정 기간이 짧으면 저작자는 그만큼 기회가 많아지기 때문이다. 출판사로서는 출판 기간이 짧으면 그만큼 불안한 상태가 된다고 보면 된다. 그렇기 때문에 저작자의 권리를 유지하려면 이 기한을 10년 이상 넘지 않게 하는 것이 바람직하다.

사실 10년이라는 기간은 책의 수명에 비해서 길다. 보통 시사를 다룬 서적은 6개월, 전문 서적이라고 해도 3년 정도를 책의 수명 주기로 보고 있다. 그런데 10년으로 계약 만료 시점을 잡아놓으면 그 중간에 출판사의 동의 없이는 증보나 재발행을 하기가 힘들다. 저작자의 요청에도 불구하고 책을 다시 발행하지 않으려는 출판사들도 있다.

그렇기 때문에 될 수 있으면 계약 만료 시점을 3년 또는 5년 정도로 잡는 것이 좋다. 저작권법에서도 '출판권은 그 설정 행위에 특약이 없는 때에는 맨 처음 출판한 날로부터 3년간 존속한다(57조 1항)'고 하고 있다.

계약의 자동 갱신 조항

출판사 측에서 제공하는 계약서를 보면, 계약 만료 기간 조항 또는 그 밑에 계약의 '자동 갱신 조항'이 거의 예외 없이 들어가 있다.

"계약 만료일 3개월 이전에 상호 문서에 의한 통보가 없으면 계약은 자동 갱신되는 것으로 한다."

이런 조항에 의해서 계약 만료 기간이 자동으로 다시 연장된다.

계약 만료 기간을 3년으로 정했다면 계약 만료 시점으로부터 다시 3년간 계약이 이루어지는 것과 같다.

저작자가 이런 조항이 포함된 계약을 맺었다면, 책의 계약 만료 시점에 주의해야 한다. 3개월 이전에 내용증명 우편을 통해 계약 해지를 통보해야만 계약을 해지할 수 있기 때문이다.

문예학술저작권협회와 같이 저작자의 권리를 대변하는 단체에서는, 이 자동 갱신 조항을 넣지 말도록 저작자에게 권고하고 있다. 그렇게 해두면 계약 만료 시점에서 저작자가 굳이 신경을 쓰지 않아도 되고, 출판사가 저작자에게 재협상을 의뢰할 수밖에 없기 때문이다.

발행 시기를 한정하라

대부분의 출판 계약서에는 "출판사는 완고를 받은 다음 6개월 이내에 발행하고, 기한을 넘겨 출판하는 경우에 저작자는 손해배상을 청구할 수 있다."는 식으로 출판에 기한을 정해 놓고 있다. 이 조항 역시 중요하며, 계약서에 포함되어 있지 않다면 저작자가 반드시 추가해야 한다. 출판사가 원고만 받아 놓고, 출판사 내부 사정으로 계속 미루는 일이 종종 발생하기 때문에 이 조항은 중요하다.

저작자의 입장에서는 자기 책이 하루라도 빨리 출판되어 빛을 보는 것이 중요하다. 또 빨리 출판되어야 인세가 더 빨리 들어올 수 있다는 재산적인 면도 고려되어야 한다.

그런데 이런 계약 사항이 없이 출판사 마음대로 시기를 정한다면 저작자에게는 여간 부당한 일이 아닐 것이다. 게다가 일부 출판사는 발행 시기를 한정하는 조항이 없다는 이유를 들어, 무한정 출판을 미루는 경우도 있다. 이럴 경우 저작자가 계약을 해지하고 다른 출판사와 다시 계약을 맺으려 하면, 저작자가 출판사에 손해 배상을 해야 한다고 요구하는 경우도 있다.

비록 이 조항을 넣지 않더라도, 저작권법에 의해 최초 발행을 완료해야 할 시점이 9개월 이내로 정해진다. 그러나 계약 조항이 없다면 저자가 주장을 펼치기 어렵고, 저작권법의 근거를 가지고 주장을 펼치려면 법정에까지 가야할 수도 있기 때문에 발행 시기에 관한 조항을 확실하게 넣어두는 것이 좋다.

완고 납입 시기를 늦춰 잡아라

저작자가 모든 힘을 원고 쓰기에 집중할 수 있는 것은 아니다. 또 지속적으로 원고 쓰기에만 매달릴 수 있는 것은 아니다.

나의 경험으로는 여백이 있는 A4 용지를 기준으로 하루 동안에 최대 20장을 쓰는 것이 한계였다. 200자 원고지라면 약 150매 내외이다. 그러나 이것은 어디까지나 최대치일 따름이다. 하루 동안에 약 20쪽 정도를 쓰고 나면 그 다음날은 아무 일도 할 수가 없게 된다. 생각이 멈추어 버리고, 팔은 쑤시고, 손가락 끝은 저리며, 손목은 시큰시큰해진다.

하루에 약 10쪽 정도가 무리 없이 쓸 수 있는 최대치인 것 같다. 이것도 오직 원고 쓰기에만 전념한다는 가정하에서이다. 만약 다른 일이라도 볼라치면 하루 5쪽도 무리가 된다.

게다가 기획하고, 취재하고, 자료를 소화하는 일이 원고를 쓰는 일보다 시간이 더 걸리게 마련이다. 이런저런 사정을 감안하여 200쪽 분량의 원고를 써 내는 데 석 달, 그것을 준비하는 데 석 달, 합하여 여섯 달 정도를 잡아야 한다.

이것은 어디까지나 나의 경험에 의한 통계치일 뿐 정확한 것은 아니다. 다만, 저작자들이 생각하는 만큼 원고가 빨리 진행되지 않을 것이라는 것을 미리 알아두자는 것이다.

나도 그렇지만, 대개의 저작자들은 이 기간을 짧게 잡아서 곤란을 당하곤 한다. 아주 능력이 좋은 저작자들은 두 달 만에 600쪽에 가까운 책을 써 내는 경우도 있다고는 하지만, 우리 같은 평범한 저작자들에게는 여간 무리가 아닐 수 없다.

애초에 출판 계약부터 하고 원고를 쓰기 시작하는 것이라면, 원고를 마무리하는 기간을 최소한 6개월 이상 잡는 것이 좋다. 실상 이렇게 길게 잡아도 막상 원고는 더 늦어지게 마련이며 일 년이 넘는 경우도 있다.

완고를 출판사에 인도하는 시기는 대부분의 출판 계약서에 기재되어 있다.

"저작자는 본 계약일로부터 90일 이내에(또는   년   월   일까지)

본 저작물의 출판을 위하여 완전한 원고와 관련 자료를 출판사에 인도하여야 한다."

만약 완고를 제때 인도하지 못할 때를 대비하여 일부 출판사들은 벌과금 규정을 두기도 한다.

"저작자가 계약일까지 완전 원고를 출판사에 인도하지 못하면, 계약일로부터 기산하여 1개월에 인세의 10%, 2개월에 20%, 3개월에 30%를 공제하고, 그 이후에는 계약을 파기할 수 있다. 이 경우 저작자는 계약금을 즉시 반환하여야 한다."

이런 벌과금 규정을 두지 않는 출판사도 있고, 설혹 벌과금 규정이 있어도 대체로 출판사들은 어느 정도 원고를 기다려 준다. 또 벌과금 규정대로 적용하는 출판사도 드문 것으로 알려지고는 있다. 벌과금 규정을 두는 이유는 저작자들이 원고를 제때 주지 못하기 때문이다. 이 점에서 저작자들의 잘못도 크다.

출판사들의 말을 빌리면 "계약 기간 내에 원고를 주는 저작자가 오히려 드물다."고 한다. 대부분 몇 달, 심지어는 일 년 가까이 원고를 주지 않는 저작자도 있다고 한다.

창작 작업이라는 것이 기계적인 일정대로 이루어질 리 없고, 또 저작자가 애초에 저술 기간을 자신의 능력보다 짧게 산정하는 이유도 있다. 어찌되었든, 애초에 계약을 할 때에 저술 기간을 늘리는 것이 좋다. 저작자의 능력 범위의 두 배수 정도를 저술 기간으로 잡는 것이 바람직하다고 본다.

> **출판 이야기 10**
>
> ## 끝이 없는 교정
>
> 세계에서 가장 배우기 어려운 말 중의 하나가 바로 우리나라 말이라고 한다. 그런데 내 생각에는 세계에서 가장 맞춤법이 어려운 글도 우리나라 글인 것 같다. 심지어 전문 교정자들조차도 저마다 맞춤법에 대해서 의견이 다르고, 국어 교과서조차도 맞춤법이 맞지 않는 형편이다. 국어학자들조차도 맞춤법에 대해 저마다 주장하는 바가 다르다.
>
> 이러다 보니, 저자가 맞춤법에 맞게 교정한 것을 전문 교정자가 다시 교정해 버리는 경우를 심심치 않게 본다. 물론 그 반대의 경우도 많다. 그래서 나는 맞춤법에 대해서는 비교적 마음을 비운 편이다. 까다롭게 이것이 옳네, 저것이 그르네 하지 않는다. 읽기 좋고, 이해할 수만 있으면 그것이 가장 좋은 맞춤법이라고 생각하기 때문이다.
>
> 기계처럼 완벽한 원고를 쓰려고 고심할 필요는 없다. 맞춤법이 어느 정도 함량 미달일지라도 몇 차례 교정 작업을 거쳐 다듬어지게 마련이며, 그 정도는 출판사에서도 이해해준다. 이것은 맞춤법에 연연하며 창피를 당하지 않을까 염려하는 저자들에게 꼭 하고 싶은 말이었다.

12. 인세 산정 방식

인세란 저작권 사용료다

저작자가 출판사에 출판을 허락하거나 출판권을 주는 대신에, 출판사는 저작자에게 그 대가로 일정한 돈을 지급한다. 이렇게 저작자가 준 출판권에 대응해서 지급하는 돈을 흔히 '인세(royalty)'라고 부른다. 인세란 '인지세'의 줄임말이다.

인세는 저작자가 출판을 허락하거나 출판권을 설정한 대가로 받는 것이다. 즉, 저작권의 일부를 사용할 권리를 넘겨주고 받은 대가인 것이다. 그래서 인세를 '저작권 사용료'라고 부르기도 한다. 영어로는 '로열티(royalty)'라고 부른다.

나는 앞으로 이 책에서 로열티나 저작권 사용료라는 말 대신에 관행적으로 쓰이는 인세라는 용어를 사용하겠다. 이미 인세라는 말은 보통 명사화되어 사용된다. '인지를 붙이는 대가로 받는 세금'이라는 원어의 뜻보다는 단순히 '저작권 사용에 대한 대가'라는 것을 뜻하는 게 되었다는 말이다. 그래서 인세라는 용어를 사용한다고 해서 거부감을 가질 필요는 없다.

인지에 대한 저작자와 출판사의 입장

모든 책의 제일 앞쪽이나 뒤쪽을 보면 '판권지'라고 불리는 면이 하나가 있다. 이 면에는 저작자가 누구이며, 출판사는 어디라는 등의 책에 대한 정보가 담겨 있다. 이 면을 판권지라고 부르는 이유는 책의 출판권을 가진 출판사를 표시하고 있기 때문이다. 동시에 저작권자의 이름도 표시하고 있다.

예전에는 이곳에 저작권을 가진 저작자의 도장을 찍은 종이를 붙였다. 이 우표 크기의 종이를 '인지'라고 하는데, 도장을 찍은 종이라는 뜻이다. 이 인지는 한 권당 하나씩만 붙인다.

인지는 왜 붙일까? 그것은 출판사가 책을 얼마만큼 발행하는지를 저작자가 알 수 있게 하기 위해서이다. 출판사는 책을 발행할 때마다 저작자에게서 이 인지를 산다. 인지를 찍어주는 대가로 돈을 지불한다. 이때 지불하는 돈을 '인지세' 또는 줄여서 '인세'라고 불렀다. 출판사는 이 인지를 가져와서 발행하는 책에 일일이 붙였다. 만약 인지가 붙어 있지 않은 책이 판매되는 것을 저작자가 발견하게 되면, 출판사는 곤욕을 치러야 한다. 저작자를 속였다고 의심을 받게 되기 때문이다. 또 자칫 잘못하면 저작권법 위반으로 형사 처벌을 받을 수도 있고, 저작자가 출판사를 상대로 손해 배상을 청구할 수도 있기 때문이다.

　사실 이 인지라는 관행은 일제 식민지 시절에 도입된 것이다. 일본에서는 오히려 이런 관행이 거의 사라졌다고 하는데, 우리나라에서는 여전히 이런 방식이 통용되고 있다. 그 이유로는 우선 일본이나 미국 등에 비해서 우리나라의 조세 제도가 투명하지 못하기 때문인 점을 들 수 있다. 일본이나 미국 같은 경우에는 출판업자들의 판매 현황이 비교적 투명하게 나타나는 사회 구조를 지니고 있다. 반면에 우리나라는 아직 불투명하며, 매출액을 허위로 신고하여도 제대로 밝혀내지 못할 정도이다.

　1970년대까지만 하더라도 많은 출판사들이 판매 부수를 속여서 저작자에게 지불할 인세를 덜 지급하는 경우가 많았다. 물론, 지금도 아직 그런 출판사들이 있다고 한다.

　그러다보니 저작자나 저작자 단체에서는 그나마 믿을 수 있는 인지 첩부를 요구하고 있는 것이 사실이다. 우리 사회가 미국이나 일본과 달리 아직 불투명한 방식의 유통 구조를 가지고 있기 때문에 더욱 그렇다. 신용 사회가 정착되고 모든 거래 내역이 투명하게 공개될 수만 있다면 인지 제도도 사라질 것이다. 그런 시기가 올 때까지는 저작자들은 인지 첩부를 요구하는 것이 유리하다.

　그러나 출판사 입장에서 보았을 때에는 어떨까? 이 인지가 사라지지 않게 한 빌미를 출판계가 제공하기는 하였지만, 양심 있는 출판사 입장에서 보았을 때에는 여간 골치 아픈 것이 아니다.

　첫째, 책 한 권마다 인지를 하나씩 붙여야 하는데, 이게 여간 번거로운 작업이 아니다.

둘째, 인지 하나를 붙이는 데 드는 노동력을 대략 10원에서 40원까지로 보고 있다. 인지를 붙이면 그만큼 제작 원가가 높아진다. 일반적으로 제작 원가의 세 배 정도가 판매가에 반영된다고 보았을 때에 판매가가 30원에서 120원 정도 올라간다고 볼 수 있다.

셋째, 이 인지라는 것이 가끔 떨어지기도 하고 간혹 제본소에서 한두 권씩 안 붙이는 경우가 있는데, 이때에 저작자와 출판사 간에 더 큰 불신이 생길 수도 있다는 것이다.

이런저런 이유로 출판사 입장에서는 할 수만 있으면 인지를 붙이지 않으려고 하고 있다. 대신에 저작자에게는 발행부수라든가 판매 현황 같은 자료를 정기적으로 제공함으로써 신뢰를 얻고자 한다.

이미 일부 대형 출판사들이 주도적으로 업무를 전산화하면서, 저자에게 투명한 자료를 제공하려고 노력하고 있다. 일부 중소 출판사들도 아예 수불장 등을 공개하여 저작자의 신뢰를 얻으려고 하고 있다. 이런 노력들이 결실을 맺어 저작자와 출판사가 서로를 신뢰하게 되고, 인지를 첨부하지 않아도 되는 때가 오기를 바란다.

저작자는 인세를 어느 정도 받을까?

일반적으로 인세는 책의 정가에 대한 비율로 계산한다. 예를 들면 "인세를 책의 정가의 10%로 한다."는 계약 문구가 있다고 가정하자. 만약 책의 정가가 7,000원이라면 저작자가 받는 인세는 7,000원의 10%인 700원이 된다.

이렇게 책에 대한 비율로 인세를 따지기 때문에 이것을 '인세율'이라고 부른다. 일반적으로 통용되는 인세율은 10%이다. 저작권법에 의하면 특별한 계약 사항이 없는 한은 인세율을 10%로 본다는 조항이 있다.

인세율이 너무 작다고 생각할 수도 있지만 결코 작은 금액이 아니다. 왜 작은 금액이 아닌지를 이해하려면 책의 유통 과정을 이해할 필요가 있다.

우선 책을 출판하려면 제조원가가 들어간다. 이 제조원가에는 종이 구입비용, 표지 디자인 비용, 편집 비용, 인쇄비, 제본 비용이 모두 포함된다. 일반적으로 책의 정가의 30% 정도가 제조원가라고 보면 거의 맞다. 예를 들어 만 원짜리 책이 판매되고 있다면 그 중에 3천 원 정도는 순수한 제조비용이라고 보면 된다.

이렇게 책을 제조한 후에 출판사는 정가의 60% 혹은 70%선에서 책을 도매하는 업체나, 교보문고와 같은 대형 서점에 넘긴다. 그러니까 만 원짜리 책은 6천 원 정도에서 서점에 넘어간다는 뜻이다.

거꾸로 보면, 출판사는 약 30 ~ 40% 정도의 매출 이익을 가져간다고 볼 수 있다. 이 매출 이익을 가지고서 출판사 운영비용으로 쓴다. 즉, 사무실 유지 비용, 직원들의 월급, 세금, 부가가치세, 출판사의 순수한 이익들을 모두 여기에서 충당하게 되는 것이다.

그렇기 때문에, 출판사가 30 ~ 40% 정도의 매출 이익을 남긴다고 해도, 실제로 순수하게 출판사에게 돌아오는 이익, 즉 순이익은 10 ~ 15% 내외에 불과하다.

그러므로 저작자가 정가의 10% 정도를 인세로 가져간다는 것은 출판사의 순이익과 거의 비슷한 정도의 이익을 얻는 것이라고 할 수 있다. 다시 말하면 진짜 이익의 반반씩을 저작자와 출판사가 나눠 가지는 것이라고 보면 된다.

"매출 이익이 출판사를 살찌우는 일에 많이 들어가므로, 매출 이익을 출판사에게 돌아가는 실제 이익으로 보아야 하지 않느냐."라고 하는 반론을 제기할 수도 있다. 또 "저작자에게 돌아오는 인세 10%가 출판사의 매출 이익과 같은 개념이 아니냐."라고도 할 수 있다. 그러나 출판사에게는 위험 부담과 이자 부담이라는 측면이 있다는 것을 간과해서는 안 된다.

출판사에서 매출액의 10%를 저작자에게 주는 것도 출판사 입장에서는 약간 억울한 면이 있는 것도 사실이다. 왜냐하면 출판사는 책을 한 권 펴내기 위해서 수천만 원의 제조비를 투자해야 하고, 그것을 제대로 회수하는 데 몇 년씩 걸린다.

흔히들 출판 사업을 '목돈을 주고 푼돈을 받는 사업'이라고 표현한다. 그만큼 목돈이 먼저 들어가게 되는데, 이것이 회수되는 시점까지 출판사는 이자를 손해보고 있는 것이나 다름없다. 차라리 그 돈을 은행에 맡기면 이자라도 받을 텐데, 그렇지 못하기 때문이다.

출판사 입장에서 보았을 때 또 한 가지 억울한 점은 바로 '위험 부담'을 출판사가 진다는 것이다. 책이 출판되어 잘 팔릴지, 안 팔릴지는 알 수 없다. 만약, 수천만 원의 제조비를 투자해 책을 인쇄해 놓았는데 한 권도 안 팔린다면 어떻게 해야 할까? 저작자가 그 손해를 보충해 주어야 할까? 전혀 그렇지 않다. 이 손해를 출판사가 전적으로 감당하게 된다. 그만큼 출판사 측에서는 위험을 부담해주고 있는 셈이 된다.

이런 면에서 저작자가 받는 10% 정도의 인세는 결코 작은 금액이 아니다. 저작자는 자신의 지식에 대한 대가를 받으면 그만일 뿐, 손해를 부담한다든가, 목돈을 투자한다든가 하는 점이 전혀 없다. 물론, 책을 쓰는 동안에는 고생을 한다. 또 아무나 책을 쓸 수 있는 것도 아니다. 또 저작자 없이는 출판사들이 존재할 수가 없다. 출판사는 바로 그 점을 인정해 주는 것이다. 그래서 손해도, 위험도, 목돈 투자도 다 감수하는 것이 출판사이다.

어쨌든 출판사 입장에서 보았을 때에 10%라는 인세율이 상당히 높기 때문에, 최근에는 이런 인세를 줄이려는 움직임이 많다. 문학 분야의 초보 저작자에게 4%의 인세만을 지급하겠다고 하는 출판사도 있다. 물론, 뛰어난 저작자들은 그보다 훨씬 높은 인세를 받는다. 나의 경우에도 3천 부 이상 판매되는 경우에 15%까지 인세율을 산정하기로 계약한 경우가 여럿 있다.

이렇게 많은 인세를 어떻게 받을 수 있을까? 일단은 책이 많이 판매될수록 인세를 많이 받는 식으로 계약하는 방법이 있다. 예를 들면 "인세율을 3,000부까지는 8%, 5,000부까지는 10%, 5,000부 이상은 12%로 한다."와 같은 식으로 계약서를 작성하는 것이다. 이와 같이 계약하는 방식을 '러닝 개런티(running guarantee) 방식' 또는 '슬라이드 업(slide up) 방식'이라고 한다.

만약 저작자가 이미 베스트셀러를 쓴 경험이 있다거나 '빌 클린턴' 같은 유명 인사라면 굳이 러닝 개런티 방식을 택하지 않고도 아주 높은 인세를 받을 수도 있다.

인세율을 얼마로 할 것인가는 전적으로 저작자와 출판사의 협의에 달려 있다. 저작자의 역량, 유명세, 경험, 지식, 지위 및 원고의 양과 질 그리고 시장의 크기 등등이 종합적으로 고려되어서 결정이 된다.

여기에 빠질 수 없는 것이 바로 저작자의 교섭 능력이다. 저작자가 얼마나 출판사를 잘 설득하느냐에 따라서 인세율이 달라질 수 있다.

이렇게 교섭을 잘해서 인세를 1%만 높여도 저작자에게는 큰 이익이 된다. 예를 들어 정가 만 원짜리 책이 만 부가 판매되거나 또는 발행되었을 때에 인세율 1%는 백만 원에 해당된다. 만약 인세율을 7%로 계약했다면 7백만 원만 받게 되지만, 8%로 계약했다면 8백만 원을 받게 된다.

출판 분야에 따라 인세율이 다르다

책이라고 해서 모두 팔리는 것은 아니다. 비교적 잘 팔리는 분야가 있고, 그렇지 못한 분야가 있다. 잘나가는 소설책들이 몇십만 부씩 팔리고, 실용 서적이 잘 판매되면 몇만 부 단위로 팔리는 데 비해서, 아주 잘 나가는 학술 서적은 기껏해야 만 부 정도 팔리는 것이 고작이다.

그렇다면 소설 작가들의 인세율이 더 높을까? 그렇지는 않다. 일반적으로 소설류의 인세는 기껏해야 7% 내외에서 결정된다. 경험이 없는 처녀 작가라면 심지어 4%대의 인세를 받을 수도 있다. 반면에, 전문 학술 서적은 대개 인세가 10%를 상회한다. 최대한 낮춰 잡아도 8%는 받는다.

'아니, 소설이 대박이 날 가능성이 더 높은데 이렇게 인세율이 더 낮은 것은 모순이 아닌가?' 라고 생각될 것이다. 그러나 대박이 날 가능성이 높으면 쪽박을 찰 가능성도 높은 법이다. 그만큼 모험성이 높은 분야가 바로 소설 분야이다. 그래서 성공을 입증한 작가들에게는 엄청난 선인세(선불금)와 높은 인세율이 적용되지만, 그렇지 못한 초보 작가들은 아주 낮은 인세율을 감내해야 한다. 선인세를 한 푼도 못 받거나, 기껏해야 몇십만 원 정도 받는 것이 고작이다.

반면에 'ARM 시스템 매뉴얼' 과 같이 비전문가의 기를 질리게 만드는 전문 학술 서적들은 많이 팔리지는 않아도, 확실하게 팔린다는 안정성을 가지고 있다. 이런 분야는 아무리 안 팔려도 초판 1쇄 정도는 다 팔리는 경우가 대부분이다. 게다가, 조금 판매 실적이 좋으면 꽤 높은 수익을 얻을 수 있다. 책의 가격이 몇천 원 또는 만 몇천 원밖에 안 하는 소설책과는 달리, 몇만 원씩 하기 때문이다. 그래서 이런 전문 분야의 집필자는 높은 인세를 받는 것이다.

저작자는 이런 출판계의 인세 지급 관행을 이해하고 참고하여, 인세 교섭할 때에 지나치게 무리하지도, 또 지나치게 손해를 보지도 않기를 바란다.

발행부수, 출고부수, 판매부수의 차이점

인세율을 산정할 때에 또 주의해야 할 점이 있다. 이것은 저작자와 출판사 간에 오해를 불러일으키는 것이기도 하다.

책을 세는 단위로는 '권'과 '부'를 들 수 있다. 한 권, 두 권 이런 식으로 말이다. 그러나 출판계에서는 한 부, 두 부. 이런 식으로 세어 나간다. 예를 들어 만 권을 인쇄하였다면, 만 부를 인쇄하였다고 말한다. 이렇게 인쇄한 분량을 '부수'라고 말한다. 이 부수는 다음과 같이 다시 또 세 가지로 나뉜다.

첫째는 '발행부수'라고 하는 것이다. 이것은 책을 인쇄한 분량을 나타내는 것이다. 물론 두 용어, 즉 인쇄와 발행은 약간의 의미 차이가 있기는 하지만, 거의 동일한 개념으로 사용된다. 그래서 책을 만 권 인쇄하였다면, "발행부수가 만 권이다."라고 말할 수가 있는 것이다.

둘째는 '출고부수'라고 하는 것이다. 출고부수란 책이 창고에서 나간 부수를 말한다. 출판사가 책을 인쇄했다고 하여 인쇄한 책 모두가 서점으로 나가는 것은 아니다. 책을 서점으로 내놓는 것을 '배본'이라고 하는데, 모든 책이 배본되는 것은 아니라는 말이다. 책이 서점으로 나가는 것을 출판사에서는 '판매' 또는 '출고'라고 부른다. 정확히 말하면 책을 팔아달라고 맡기는 일, 곧 '위탁'이라고 불러야 하지만, 출판사에서는 관행적으로 판매 또는 출고라고 부르는 것이다. 그래서 출고부수를 판매부수라고 지칭하는 출판사도 있다.

셋째는 실제 '판매부수'라고 하는 것이다. 어떤 책은 인쇄된 후에 전혀 판매가 되지 않아서 그대로 폐지 신세가 되는 경우가 있으며, 어떤 책은 일부만 판매되고 일부가 재고로 남는 경우도 있다. 또, 어떤 책은 판매되었는데 서점에 남아 있다가 반품되어 들어오는 경우도 있다. 판매부수란 이렇게 재고로 남은 것, 반품되어 들어오는 것, 폐지로 처분해 버린 것을 제외하고 진짜로 독자가 사간 책만을 뜻하는 용어이다. 출고부수와 구분하기 위하여 '실판매부수'라고 부르기도 한다.

발행부수를 인세 정산의 근거로 삼아라

저작자의 입장에서는 발행부수, 출고부수, 판매부수의 순서로 적용하는 것이 유리하다. "인세는 발행 부수에 정가의 10%를 곱하여 산정한다."라는 식으로 계약 문구가 들어 있으면 가장 좋다. 그렇지 않고 "인세는 출고 부수를 기준으로 산정한다."라거나 "실제 판매부수에 인세율을 곱하여 산정한다."라는 식의 계약 조항은 저작자에게 불리하다.

발행부수가 만 부라면, 출고부수는 9천 부, 실제 판매부수는 8천 부가 되는 식으로, 언제나 발행부수가 가장 많고, 그 다음이 출고부수, 그 다음이 판매부수이기 때문이다. 그만큼 발행부수로 계약하면 받을 수 있는 인세가 많아진다.

또 발행부수야말로 저작자가 가장 신뢰할 수 있는 인세 산정 방식이기도 하다. 출고부수나 판매부수의 경우에는 일일이 재고 현황, 판매 현황, 반품 현황 등을 모두 따져 보아야 하기 때문에 저작자가 제대로 파악할 수 없다. 반면에 발행부수는 인쇄 분량만 알면 되므로 파악하기가 상대적으로 쉽다.

그렇다고 해서 출판사가 인쇄 업체에 맡겨 인쇄한 영수증이라든가 증빙 서류까지 모두 보여주지는 않는다. 다만, 후일에 다툼이 생길 때에 저작자에게 더 유리하다는 것이다.

어쨌든 출판 계약을 맺을 때에는 인세 계산의 근거를 가능하면 발행부수로 하는 것이 좋다. 비록 인세율을 조금 낮추는 한이 있더라도 말이다.

출고부수가 기준이 되면 곤란하다

만약 출고부수로 인세 산정의 기준을 삼게 되면 어떤 불리한 점이 있을까?

우리나라에서는 출판되어 나오는 책 중에서 삼분의 일은 제대로 팔리지도 않고 폐지로 처분된다. 만약 저작자의 책이 아쉽게도 그런 책이 된다면 어떨까?

만약 그렇다면 저작자는 너무 억울하게 된다. 수개월에서 수년 동안에 걸쳐서 애써서 써 놓은 책이 팔리지 않은 것도 가슴 아픈데, 인세도 제대로 받을 수가 없기 때문이다.

판매부수가 기준인 경우와 손실률

판매부수로 인세를 산정하면 저작자는 가장 불리하다. 대개, 실제 판매부수를 인세 산정의 기준으로 삼는 경우는 극히 드물다. 그러나 간혹 그런 경우도 있으므로 계약할 때에 주의하여야 한다. 계약서에 "판매 부수를 인세 산정의 기준으로 삼는다."와 같은 의미를 지닌 문구가 있다면 수정해 달라고 요구하라.

판매 부수와 관련하여 그나마 유리한 방식의 계약 중의 하나는 손실률을 따지는 것이다.

"출판사가 증정, 납본, 신간안내, 홍보, 유통 과정 중의 파손 등으로 인한 손실분에 대하여 저작자는 저작권사용료를 면제한다. 이에 대한 손실분은 출판사 발행분의 10%로 정한다."

이 계약 조항에 따르면 출판사는 인세 계산의 근거로 발행부수를 삼고 있고, 발행부수의 10%를 손실분으로 산정하여 저작자의 인세에서 제하고 있다. 따라서 저작자가 출판사와 10%의 인세를 받기로 하였다면, 실제 지급되는 인세는 9%가 된다.

이렇게 손실률을 따져서 판매부수를 산정하는 출판사는 비교적 저작자에게 관대한 편이라고 할 수 있다. 어떤 출판사는 출고부수에 다시 손실률을 15%까지 따지는 경우가 있다. 이런 경우에 발행부수로 인세를 산정할 때에 비해서 거의 30% 내외의 인세를 깎게 된다.

그러므로 저작자는 인세와 관련된 여러 계약 조항들을 꼼꼼히 따지고 잘 살펴서 계약해야 한다. 저작자가 계약 조항을 따지지 않은 채, 나중에 가서 인세가 적다고 항의할 수는 없는 일이다.

출판 이야기 11

출판이 제조업?

한 번은 출판사를 경영하고 싶어 출판사 등록을 한 적이 있었다. 구청의 문화공보과에 들러 출판사 설립 신고를 하고, 사업자 등록을 하기 위해서 세무서를 방문했을 때였다. 그때 놀랍게도 출판업이 제조업에 속한다는 것을 알게 되었다.

"제조업이라니?"

나는 당황했다. 나는 그때까지도 출판업은 지식산업, 즉 3차 산업으로만 생각했다. 그런데 출판업이 2차 산업인 제조업으로 분류되고 있었던 것이다. 이때의 황당함이란.

나는 그때서야 일부 편집자들이 왜 원고를 원료처럼 다루고, 저자를 원료공급자처럼 대했는지를 알 수 있었다. 그런 출판사는 원료인 원고를 받아 책이라는 제품으로 제조해내는 제조업을 영위하고 있었던 것이다.

나는 이런 산업 분류가 잘못되었다고 생각한다. 물론 출판 업무 자체가 일반 제품제조 과정과 매우 비슷하기는 하다. 그러나 출판은 재료를 다루는 것이 아니라 지식을 다루는 것이다. 단지 상품생산 과정이 비슷하다고 해서 제조업으로 분류하는 것은 문제라고 본다.

13. 인세 지급 시기와 방식

인세를 언제 받을 수 있을까?

 인세를 지급받는 시기는 전적으로 출판사와 저작자의 협의 사항이다. 그렇다고 해서 다 협의가 되는 것은 아니고, 출판사마다 정해진 내부 규칙이 있다. 주로 이 규칙에 따라 계약이 이루어진다.

 어떤 출판사는 책을 발행할 때마다 인세를 산정해서 지급해 준다. 가장 신사적인 편이다. 주로 이런 방식을 택하는 출판사들은 전통 있는 출판사인 경우가 많다. 게다가, 인세를 산정하는 기준을 '발행부수'로 하는 경우가 많다. 책이 발행되자마자 인세를 지급받기 때문에 저작자에게는 가장 유리하다고 할 수 있다.

 또 어떤 출판사는 판매량을 3개월, 즉 1분기 단위로 정산해서 인세를 지급하는 경우도 있다. 대개 신설 출판사에서 많이 사용하는 방식인데, 저작자에게는 비교적 불리한 방식이다. 인세가 푼돈으로 들어오기 때문이다.

게다가 이런 식으로 인세를 지급하는 출판사는 계약할 때에 인세 지급 기준을 판매부수로 삼는다. 즉, 진짜로 팔린 만큼만 지급하겠다는 것이다. 인세율이 높을지라도 실제로 받는 인세는 앞의 방법에 비해서 상대적으로 적어질 수 있다.

이 밖에도 출판사에 따라서 다양한 지급 방식을 택하고 있다. 출판 계약을 맺을 때에는 이 인세 지급 시기와 방법을 잘 확인해야 한다.

인세는 현금 지급이 원칙이다

거의 모든 출판사는 인세를 현금으로 지급한다. 간혹 어음으로 인세를 지급하는 출판사도 있다는 이야기를 듣기도 하지만, 그런 출판사는 드문 것 같다.

현금으로 지급을 하더라도 서너 달씩 미뤄서 지급한다면, 어음을 지급하는 것보다 더 나쁘다고 할 수 있다. 어음이라면 확실한 지급 보장이 된다는 이점이라도 있지만, 현금은 그렇지도 않기 때문이다.

나와 거래했던 출판사 중 한 곳은 항상 몇 달씩 미뤄서 인세를 지급하기 일쑤였다. 이렇게 하는 이유는 그동안에 자금을 더 회전할 수 있기 때문이라고 한다. 일 년에 수백 종의 책에 대한 인세를 지급할 경우에 한 번에 지급되는 인세가 만만치 않을 것이다. 이것을 가지고 새 책을 더 발행한다고 한다. 한 출판사로부터는 거의 2년 만에 인세를 몰아서 받은 적도 있다.

저작자의 인세를 다른 모든 비용보다 더 후순위로 취급하는 출판사들이 줄어들기를 바란다. 심지어 몇백억 원을 쓰며 사옥을 화려하게 지으면서도, 저작자에게 돌아갈 몇백만 원을 속여서 지급하지 않는 양심 없는 출판사들의 행태가 사라져야, 출판계가 문화 사업자로서 정당한 평가를 받게 될 것이다. 저작자의 정신을 짜내어 화려한 사옥을 지은들, 그것이 얼마나 오래 보존될 것인지 의문이다.

저작권은 출판사의 존립 근거이고 저작자는 이 소중한 저작권을 대여한 것이다. 그러므로 어떤 비용보다도 저작자의 인세를 먼저 처리하려는 노력을 보여야 할 것이다.

인세 지급이 늦어지는 것에 대한 대책

출판사들은 저작자가 없이는 존재할 수 없는데도, 접대비로 나가는 돈은 바로 지급해도 인세는 자꾸 미뤄 지급하기도 한다. 출판사가 제안하는 출판 계약서에는 인세 지급 시기를 아예 빼는 경우도 있다.

이런 경우를 방지하기 위해서 저작자도 인세 지급이 늦어질 경우에 대한 벌과금 규정을 두는 것이 좋다. 그리고 인세 지급이 늦어지면 출판 계약을 해지한다는 문구도 넣어 두는 것이 좋을 것이다.

'1) 인세는 매년 4월, 7월, 10월, 1월 말까지 그 직전 분기의 발행분에 대하여 정산하여 지급한다. 2) 인세 지급 시기가 늦어지면 연이율 12%로 일할 계산하여 이자를 포함하여 지급한다. 3) 인세 지급 시점으로부터 한 달 이상 경과하도록 인세를 지급하지 않으면 저작자는 계약을 해지할 수 있고 그 손해는 전적으로 출판사의 책임으로 한다.'

그렇다고 처음으로 책을 내는 저작자가 이런 특약 사항을 기입하자고 하면, 출판사 측에서는 불쾌하게 생각한다. 그러므로 어느 정도 경력을 쌓은 후에 이런 사항까지 꼼꼼하게 따지는 것이 좋다. 그렇게 따질 능력이 안 된다고 생각하면 에이전시를 통하는 것도 좋은 방법이다.

계약할 때에 선인세를 받을 수 있다

모든 계약에는 계약금이라는 것이 있다. 출판 계약을 할 때에도 출판사는 저작자에게 계약금을 지불한다.

출판 계약을 했다고 해서 책이 바로 출판될 수 있는 것은 아니다. 아무리 작은 책이라도 최소한 한 달, 길게는 석 달이 걸리고, 분량이 많은 책이라면 최종 출판까지는 일 년 정도까지도 걸린다.

그런데 그 중간에 출판사의 사정으로 책을 출판할 수 없게 되면 저작자는 기다린 보람도 없이 새 출판사를 찾아야만 할 것이다. 저작자로서는 '시기'에 따른 이익만큼을 손해 보게 되는 것이다.

출판사에서는 저작자의 이런 점을 고려하여 일정한 분량의 계약금을 지불해준다. "우리가 혹시 출판을 못하게 될 위험이 있음에도 불구하고 기다려 주는 대가로 약간의 위로금을 드리겠다."라는 것이 출판 계약금의 본질이다. 출판사가 계약금을 지불했다가 출판을 못하게 되면, 출판사는 계약금을 포기한다. 저작자는 계약금을 손해에 대한 보상으로 받게 되는 것이다.

출판을 하게 되면 출판사는 인세에서 계약금을 제외하고 지불하게 된다. 즉, 계약금으로 인세 중 일부를 먼저 받은 셈이 되는 것이다. 그래서 흔히 출판 계약금을 '선인세'라고 부른다. 먼저 받는 인세라는 뜻이다.

일반적으로, 상업 거래에서 계약금은 총 거래 금액의 10% 정도가 된다. 예를 들어 1억 원짜리 아파트를 분양받을 때의 계약금은 1천만 원인 경우가 대부분이다.

출판계에서도 그렇게 할까? 10%인 경우도 있고 그렇지 않은 경우도 있다. 10%의 기준은 무엇일까? 그 기준은 최초로 발행되는 부수가 기준이다. 그런데 앞에서도 이야기했듯이, 발행 부수가 아닌 판매부수나 실제 판매부수로 인세를 산정하는 경우에는 어떻게 기준을 삼을 수 있을까? 책이 아직 판매되지도 않은 상태에서, 그 금액을 알 수가 없는 것이다.

그래서 출판사에서는 계약금을 "인세의 10%를 계약금으로 지불한다."라고 표현하기보다는 "선인세 백만 원을 계약금으로 지불한다."라고 표현을 한다. 선인세로 백만 원을 지불하였다면, 나중에 발행부수든, 판매부수든, 실제 판매부수든 간에 인세를 산정할 시점에서 무조건 선인세로 지급한 돈을 빼 버리면 되기 때문에 편리하다.

그렇다면 선인세는 얼마나 받을 수 있을까? 그것 또한 저작자의 명성, 역량, 원고의 질에 따라서 달라진다. 결정적인 것은 출판사와 저작자의 협의다. 협의에 따라서 선인세의 규모는 달라질 수 있다.

예를 들어, 외국의 한 유명한 대통령의 자서전에 대한 선인세는 우리의 상상력을 넘을 만큼 많았다. 초판 발행분에 대한 인세보다도 선인세가 더 많았다. 들리는 이야기로는 수천만 원의 선인세가 지불되었다고 한다. 이 정도의 선인세를 지불하고도 출판사가 이익을 내려면, 책이 수만 권 이상 팔려야 가능한 일이다. 출판사 측에서는 그 정도는 무난히 팔릴 것이라고 생각하기 때문에 그런 선인세를 지불한 것이다.

초보 저작자의 경우에는 인세의 10% 정도만을 선인세로 받는 경우도 있다. 일반적으로 초판 발행 부수는 2,000부에서 5,000부 정도가 대부분이기 때문에, 기껏해야 20만 원에서 50만 원 정도만을 선인세로 받을 수 있다. 나 같은 경우에는 백만 원을 선인세로 받는 경우도 있고, 초판 발행분에 대한 인세인 수백만 원을 선인세로 받은 경우도 있다. 출판계에서는 선인세로 얼마를 받느냐로 저작자의 역량을 가늠하기도 한다.

이 선인세는 계약금의 성격을 띠고 있기 때문에 많이 받는다고 무조건 좋은 것은 아니다. 저자 측에서 계약을 해지할 경우에는 계약금을 반환해야 하는데, 선인세를 받아 써버리면 반환하는 것이 부담이 될 수도 있다. 이런 경우가 아니라면 선인세는 많이 받을수록 좋을 것이다. 어떻게 하면 선인세를 많이 받을 수 있을까?

우선 출판사를 경쟁시키는 방법을 들 수 있다. 원고를 여러 출판사에 제안하고, 최대한 선인세를 많이 주고 인세율을 높여 주는 출판사와 계약하겠다고 하는 것이다. 이러려면 책이 잘 팔릴 수 있다는 확신을 출판사들에 심어 주어야 한다. 책이 잘 팔리려면 저작자의 명성, 원고의 독창성, 원고의 품질 등 여러 요소가 필요하다. 어쨌든 이런 요소들을 갖추었다고 생각된다면 출판사들을 경쟁시킬 수 있다.

저작자를 대신해서 출판 계약을 대신 맺어주는 업체들인 '저작권 에이전시'들이 바로 이 방법을 택하고 있다. 출판사들은 사업성이 있는 원고에 대해서는 어떻게든 출판권을 얻으려고 한다. 이런 식으로 여러 출판사를 경쟁시키는 것이다.

다음으로는 완고를 가지고 계약하는 방법이 있다. 원고가 마무리된 상태에서 계약을 맺게 되면 상대적으로 선인세를 많이 받을 수 있다. 출판사 입장에서는 확실한 담보가 되는 원고를 받았기 때문에 안심하고 선인세를 더 지급해 주는 것이다.

인세에서 세금을 미리 공제한다

저작자도 인세를 받을 때에 세금을 미리 공제하고 받는다. 통상적으로 인세 소득에 대하여 6%를 세금으로 물린다. 만약, 소설가나 만화가 또는 자유 기고가처럼 저술 활동을 직업으로 삼는 사람이라면 3%의 세금을 뺀다. 예를 들어 인세로 5백만 원을 받았다면 15만 원이 세금이 되는 것이다.

　출판사에서는 이 세금을 떼고 인세를 저작자에게 건네준다. 그리고 출판사에서는 저작자에게 세금을 미리 떼었다는 증거로 '원천소득징수영수증'을 우편으로 발송해준다. 출판사는 그 세금을 저작자를 대신해서 세무서에 납부한다.

출판 이야기 12

선불금

외국 서적을 국내에 번역 출판하게 되는 경우에 대개는 선불금을 지불한다. 알려진 바로는 보통 약 2천 달러에서 2만 달러 사이로 선불금이 책정되며, 서적이나 저자의 명성에 따라서는 10만 달러가 넘는 선불금을 요구하는 경우도 있다.

반면에 국내 저자의 경우에는 일부 명성 있는 저자나, 원고의 질이 담보되는 저자의 경우에는 최소한 백만 원, 많게는 5백만 원까지 선불금을 요구한다. 이런 경우를 제외하고는 원고를 주고도 기껏해야 30만 원에서 50만 원 정도의 선불금을 계약금조로 받는 것이 고작이다. 출판사들이 이렇게 국내 저자의 원고에 대해서 선불금을 적게 지급하는 데에는 이유가 있다. 원고의 질을 보장받지 못하기 때문에 언제라도 계약을 해제할 수 있도록 하기 위해서이다. 그러나 저자의 입장에서는 상당히 기분 나쁠 수밖에 없다. 저자나 저자의 원고를 믿지 못하기 때문이라고 생각할 수 있는 것이다.

그럼에도 출판사들은 '조삼모사'라며 선불금을 지급하지 않으려고 애쓴다. 어차피 받을 돈, 나중에 받으라는 것이다. 그러나 조삼모사에 불과하다면 왜 외국 출판사들은 선불금을 먼저 받으려고 하겠는가? 다 그만한 이유가 있기 때문이다.

조삼모사의 비유를 조금만 더 생각해보면 아침에 네 개를 요구한 원숭이들이 인간보다 더 지혜롭다는 것을 알 수 있다. 네 개를 먼저 받으면 손해를 회피할 기회를 얻게 되기 때문이다. 아침에 세 개를 받았다가 저녁에 네 개를 못 받게 되는 경우와, 아침에 네 개를 받았다가 저녁에 세 개를 못 받게 되는 경우 중 어느 쪽이 이익이겠는가?

그러므로 출판계가 '조삼모사'를 들먹이며 선불금을 적게 지급하려 한다 해도, 저자들은 출판사 측에 '조삼모사'의 진정한 의미를 들려주며 적정 수준의 선불금을 요구할 일이다.

14. 권리와 관련된 계약 조항들

최근 전송권이 문제가 되고 있다

저작 재산권을 이루는 일곱 가지 권리 중에서 최근에 문제가 되고 있는 것은 전송권이다. 대개의 출판 계약서에는 "저작자의 권리를 출판권으로 설정한다."는 식의 조항이 들어가 있다.

이 조항이 추상적이기 때문에 문제가 된다. 저작자의 권리를 저작권 전체로 볼 것인지, 아니면 통상적인 출판권에 해당하는 복제권과 배포권으로만 볼 것인지가 애매하다.

이러다보니 출판사는 출판권에 전송권과 같은 다른 권리도 포함되어 있다고 주장하고, 저작자는 그것이 아니라고 주장을 하게 된다. 특히 최근에는 전송권에 대한 다툼이 잦다.

이렇게 전송권이 문제가 된 것은 정보통신의 발달 때문이다. 전자책(e-book) 기술이 발전하면서 국내 전자책 시장이 수천억 원대로 커졌다. 이미 국내에는 북토피아와 같은 전자책 전문 유통 업체가 활발하게 활동하고 있다.

이 전자책은 종이책과는 달리 제조비용이 적고, 유통 비용도 적어 그 이익이 상당하다. 앞으로 전자책 시장 규모가 커질수록 출판사는 더 많은 이익을 낼 수 있다.

그러다보니 출판사는 저작자의 저작재산권 중에 하나인 전송권에 욕심을 내게 되는 것이다. 그러므로 저작자는 전송권이 복제권이나 배포권과는 별개의 권리임을 인식하고, 출판 계약을 맺을 때에 별도의 권리를 주장하는 것이 좋다.

전송권에 관한 계약 조항

일반적으로 전송권까지 출판사로 넘겨줄 경우 계약서에는 다음과 같은 식으로 기술할 수 있다.

'저작자는 출판사가 위 저작물을 각종 전자매체로 제작/배포하거나 인터넷 등 정보통신망을 통해 전송하는 경우에도 관련 처리를 출판사에 위임하고, 출판사는 구체적 조건에 대하여 저작자와 협의하여 결정한다.'

이런 계약 조항에 의해서 출판사가 전송권을 가지게 된 경우 저작자에게 어느 정도의 인세를 지급할 것인가가 문제가 되고 있다.

일부 저작자 중에는 판매 정가의 50%까지 주장하는 경우도 있다. 일반적인 종이책의 인세율이 판매 정가의 10% 내외에서 결정되는 것에 비하면 파격적이라고 할 수 있다.

저작자들의 근거는 간단하다. 전자책은 종이책과 비교해서 제조 원가와 유통 비용이 극히 작다는 것이다. 그렇기 때문에 50%라는 인세율이 높은 것이 아니라고 한다.

반면에 출판사들은 대체로 종이책의 인세와 같은 수준에서 지급할 수 있다고 주장한다. 비록 전자책이라고 해도 종이책과 마찬가지로 편집비가 들어가며, 전자책 유통에도 상당한 비용이 따른다는 것이 그 근거라고 주장한다.

내 생각으로는 전송권에 따른 인세는 종이책의 인세보다는 많아야 하겠지만, 그렇다고 정가의 50%까지 인세를 요구하는 것은 무리가 아닌가 한다. 내가 계약한 출판사 중에 어떤 곳은 50%, 어떤 곳은 10%로 전송권 인세를 제시하였다.

나는 아직은 국내의 전자책 시장이 성장하는 단계이므로 출판사들을 조금이라도 돕는다는 마음으로, 출판사가 제시하는 비율대로 계약을 하고는 있다. 그러나 전자책 시장이 어느 정도 활성화되면 저작자와 출판사가 합리적인 기준을 찾아야 할 것이다.

전송권을 출판사에 주는 경우에 전송권에 따른 인세 지급 조건을 출판 계약서에 함께 싣는 것이 좋다. 향후에 인세 지급과 관련하여 분쟁이 일어날 수도 있기 때문이다.

교정은 출판사 책임이다

　문장을 맞춤법이나 띄어쓰기에 맞게 고치는 것을 '교정'이라고 한다. 원칙적으로 교정은 출판사의 책임이다. 그런데 출판사들은 계약서에 "교정은 저작자의 책임으로 하고, 출판사와 협의하여 진행할 수 있다."는 식의 애매한 문구를 넣어두고, 교정책임을 저작자에게 돌리는 경우도 있다. 그리고 실제로도 저작자에게 교정을 요구하기도 한다.

　그런 요구를 정당하다고 받아들이면 안 된다. 출판사는 교정과 편집 그리고 출판을 책임질 의무가 있다. 가수가 부른 노래를 잘 녹음하는 것이 음반제작자의 책임이듯이, 저작자가 쓴 원고를 잘 다듬어 책으로 펴낼 책임은 출판사에 있는 것이다.

　계약서에 그런 애매한 문구가 있더라도 개의치 말고, 출판사에 교정을 당당히 요구해야 한다. 대부분의 출판사는 어느 정도 교정을 자체적으로 진행한다. 그런 다음에 저작자에게 최종 교정만을 의뢰할 뿐이다. 다만, 일부 출판사는 거의 모든 교정까지 저작자에게 맡기는 경우가 있기 때문에, 그런 출판사의 요구를 들어주지 말라고 이야기하는 것이다.

저작재산권 전체를 출판권 설정 대상으로 하는 위험한 조항

　저작권을 구성하는 권리는 크게 저작인격권과 저작재산권으로 나뉜다. 이 중 저작재산권은 크게 일곱 가지 권리로 구성되어 있다. 복제권 / 공연권 / 방송권 / 전시권 / 배포권 / 전송권 / 2차적 저작물 작성권이 그것이다.

출판 계약서에는 2차적 저작물 작성권과 나머지 저작재산권의 권리를 혼동하여 다음과 같이 출판 계약 문구를 넣는 경우도 있다.

"본 계약 기간 중에 계약 저작물의 번역, 개작, 연극, 영화, 방송, 녹음 등 2차적인 이용 권리는 저작자가 출판사에 위임하고, 출판사는 구체적 조건에 대하여 갑과 협의하여 결정한다."

사실 이 문구는 지나치게 포괄적이어서 2차적 저작물 작성에 관한 권리뿐만 아니라, 아예 저작재산권 전부를 달라는 요구와 같다고 할 수 있다. 따라서 저작자는 저작재산권에 대한 지식을 활용하여, 어떤 권리를 출판사로 넘기고, 어떤 권리를 넘기지 않을지를 명확히 해야 한다.

"본 계약 기간 중에 복제권과 배포권을 제외한 나머지 저작재산권은 저작자의 소유로 하고 출판사가 요구할 경우에 한하여 별도의 계약을 맺는다."

이런 식으로 문구를 작성하여 저작자의 권리를 찾는 편이 좋다. 단, 이런 식의 계약을 출판사가 반가워할 리는 없으므로, 출판사와 충분한 협의를 거쳐야 한다.

번역권을 누구 소유로 할 것인가

조금 전에 말했듯이 책은 다양한 형태의 2차적 저작물로 만들어 낼 수 있다. 예를 들면 소설을 가지고 시나리오를 만들 수 있고, 또 소설을 이용해 만화를 만들어 낼 수도 있다. 비소설의 경우라도 외국어로 번역할 수 있고, 다큐멘터리 영상물로 제작할 수도 있다.

이런 2차적 저작물을 만들어 이용할 권리는 원작자에게 있다. 따라서 자신의 책을 2차적 저작물에 속하는 외국어 번역 도서로 만들 권리 또한 원작자에게 있다. 즉, 번역할 권리가 원작자에게 있는 것이다.

출판사와 계약할 때에 "외국으로 수출할 경우 인세는 ○○%로 한다."와 같은 조항이 있다고 한다면, 이 조항에 의해 번역권이 출판사로 넘어간다. 마찬가지로 "2차적 저작물에 관한 처리를 출판사에 위임하고"와 같은 조항도 그 안에 포함된 번역권을 출판사에 넘기는 것이 된다.

이런 조항이 없다면 번역권은 여전히 저작자에게 남아 있다. 이때에 저작자는 다른 출판사와 계약을 맺고 외국어로 번역하여 외국에서 출판을 할 수가 있다. 기존 출판사의 출판권에 손해를 끼치는 것이 전혀 아니다.

2차적 저작물의 출판은 출판사나 에이전시를 거치면 편하다

외국어로 번역하여 출판하는 과정은 저작자가 신경을 쓰기에 조금 복잡한 면이 있다. 저작자가 신경을 쓰지 못할 것 같으면, 원 출판물을 출판한 출판사에 외국어 번역권을 준다든가, 에이전시를 이용하는 방법을 고려해 보아야 한다. 출판사나 에이전시에 문의하면 친절하게 답변해 줄 것이다.

  책을 바탕으로 하여 영화나 멀티미디어 타이틀 또는 다큐멘터리와 같은 음반 및 영상물을 만들 수도 있다. 이것들도 2차적 저작물에 해당한다. 외국어로 번역하는 경우와 마찬가지로 저작자의 필요에 따라서 영화면 영화, 다큐멘터리면 다큐멘터리와 같은 식으로 2차적 저작물의 종류를 한정하여 저작권 사용 계약을 따로 맺을 수 있다.

  번역 외의 2차적 저작물 작성과 사용에 대한 것도 저작권 에이전시들이 다룬다. 그러므로 모든 2차적 저작물에 대한 사항은 에이전시를 통해서 협의하면 된다.

출판 이야기 13

칼 질

　지금 이 글을 쓰고 있는 동안에도 내 원고 한 편은 '칼질'을 당하고 있다. 칼질이란 출판사가 임의로 원고를 첨삭하거나, 첨삭하도록 저자에게 말하는 것을 말한다. 첨삭은 교정이 아니다. 문장을 통째로 넣거나, 빼버리는 것이다. 내가 그런 칼질을 허용하였기 망정이지, 내 허락 없이 칼질하였다면 참지 못했을 것이다.

　하나의 원고를 작성하다 보면, 아이를 낳는다는 느낌을 가지게 된다. 처음에는 잉태되는 모양으로 발상이 떠오른다. 거기에 주제와 소재라는 유전자가 발현되고, 목차와 줄거리라는 뼈대가 세워지고, 내용이라는 살이 붙는다. 그렇다고 해서 바로 출산이 되지는 않는다. 어느 순간엔가 '이 정도면 되었다' 할 때까지 끊임없이 보강하게 된다. 바로 그렇게 '이제 됐어'라고 하는 느낌이 오는 바로 그 순간, 퇴고를 끝내고 탈고하는 그 순간이 출산의 기쁨을 느끼는 순간이다. 그렇다고 해서 또 모든 게 완결된 것은 아니다. 다시, 몸에 묻은 불순물을 닦아내야 한다. 교정해야 하는 것이다.

　이렇듯 하나의 원고를 낳는 것이 쉽지 않다 보니, 원고 하나하나가 자기의 아이같이 느껴지는 것이다. 그런데 그렇게 어렵게 나온 원고를, 일부 출판사는 함부로 칼질해 버린다. 네모난 상자 안에 원고를 집어넣고는 이리저리 잘라내고 붙여 버린다. 잘 팔리는 모양으로 성형 수술을 해버리는 것이다.

　그러니 저자들이 자신의 원고에 함부로 손대는 것을 매우 싫어하게 되는 것이다. 원고를 첨삭하면 인격적으로 모독당했다고 느끼는 것도 그 때문이다. 자신의 영혼을 쏟아내어 자신과 닮은 아이를 못생겼다고 성형 수술하자는 꼴이니 말이다.

　이렇게 칼질하는 출판사들이 특히 문학 분야에 많은 것으로 알려져 있다. 아무래도 경쟁이 심하고, 성공을 보장받지 못하는 분야이다 보니 더욱 그러는 것 같다. 그러나 원고는 저자의 인격이 반영된 작품이다. 작품을 상품 수준에서만 생각해서는 안 될 것이다.

　칼질은 원칙적으로 저작 인격권 중의 하나인 동일성 유지권을 침해하게 되어 법률 위반이 된다. 저자의 양해가 없는 칼질은 법적으로 문제가 될 수 있다. 또 저자의 양해 범위를 넘어선 칼질도 마찬가지다. 만약, 저자의 양해 없이 칼질을 하려는 출판사가 있다면 명백하게 제동을 걸어야 한다.

   내 양해 아래 약간의 칼질을 당하고 있는 내 원고 중에 하나를 보면서도 나는 고통을 느끼고 있다. 그러니 양해 없는 칼질이 저자를 얼마나 고통스럽게 할지를 칼질하는 출판사들은 생각해 보아야 한다.

15. 출판사의 불법 행위

▎저작자의 이름을 빼고 출판하는 경우

여러 사람이 공동으로 저작한 책을 다시 펴내는 과정에서 공동 저작자의 이름을 빼기도 한다. 출판사의 실수일 수도 있고, 공동 저작한 팀원의 의도에 의한 것일 수도 있다.

저작인격권 중에는 '성명표시권'이라는 권리가 존재한다. 즉, 자신의 저작물에 자신의 이름을 표시할 권리인 것이다. 공동저작물에서 이처럼 공동 저작자의 이름을 빼는 것은 '성명표시권'을 침해한 것이다.

이 권리를 침해당한 저자는 민사상 또는 형사상의 책임을 출판사에 물을 수 있다. 명예를 회복해 주도록 일간지 등에 사과문을 게재하게도 할 수 있다. 흔히 원만한 합의를 위해서 합의금과 아울러 사과문을 게재하는 방식을 많이 택하는 것으로 알려지고 있다.

참고로 이 성명표시권에 따라서 저작자는 실명이나 예명 중에 어느 것이든 표시할 권리가 있다. 즉, 저작자가 자신의 이름을 표시해도 되고, 이름 대신에 쓸 다른 것을 표시해도 된다. 흔히 인터넷 상의 아이디를 성명 대신에 표시하기도 한다.

또 거꾸로 성명을 표시할 권리가 있기 때문에 그것을 표시하지 않을 권리도 저작자에게 있다. 책을 출판할 때에 자신의 이름을 내세우지 않아도 되는 것이다.

출판사가 저작자의 허락 없이 전자책을 만들어 배포했다면

최근에 전자책이 발달하고 있다. 국내의 전자책 시장은 나날이 커지고 있다. 이 시장에 출판사들은 저마다 참여하고 있거나 참여를 준비하고 있다.

일부 출판사는 저작자의 허락 없이, 또 계약서에 전송권 허락에 관한 조항이 없음에도 불구하고, 임의로 전자책을 만들어 배포하고 있다. 이런 출판사는 명백하게 저작자의 전송권과 배포권을 침해한 것이다.

이 경우에 저작자는 내용증명을 통해서 손해를 보상하도록 통고할 수 있다. 상호 간에 원만히 합의하여 새로운 계약 조항을 삽입하든가, 아니면 적절한 보상을 받을 수 있을 것이다. 만약 그것을 출판사가 거부한다면 전송권 및 배포권 침해에 근거하여 손해 배상을 청구할 수도 있고, 저작권법 위반에 따른 형사 책임을 물을 수도 있다.

출판사가 책의 인쇄 일자를 속인다면

도서의 판매 부수를 속이는 방법은 여러 가지가 있지만, 그 중에 하나는 책의 인쇄 일자를 속이는 것이다. 책의 판권지에는 인쇄일을 기록하도록 되어 있다. 이 인쇄일은 실제로 도서를 인쇄소에서 인쇄한 날을 기록하도록 되어 있다. 그런데 이것을 초판이나 증쇄하기 전의 인쇄일로 기록하여 인쇄하는 경우도 있다.

이렇게 되면 저작자나 저작권 보호 단체가 유통 과정상의 속임수를 거의 눈치 챌 수가 없게 된다. 해당 인쇄소에 아예 자리 잡고 앉아 책이 인쇄되는 순간을 기다려 현장을 포착하는 수밖에 없다. 그렇지만 증쇄가 언제 될지도 모르는 상황에서 그렇게까지 할 여력을 가진 저작자는 거의 없다.

그럼에도 불구하고, 도무지 의심이 간다면 실제 인쇄 현장을 방문해 볼 일이다. 책의 판권지에는 인쇄 업체의 주소와 연락처가 기재되어 있기도 하고, 그렇지 않은 경우에는 출판사에 인쇄 업체를 알려 달라고 해야 한다. 인쇄 업체를 쉽게 알려주지 않는 출판사도 있을 것이다.

이럴 때에는 일단 내용증명 우편을 통하여 판매 현황 외에도 인쇄 현황을 알려 달라고 해야 할 것이다. 이때 출판사가 제공할 수 있는 자료로는 인쇄 영수증, 출판물 인수증 등이 있다. 그리고 그 현황을 근거로 하여 해당 인쇄 업체를 통하여 증거를 수집하는 수밖에 없다.

여러 정황으로 보아서 베스트셀러임이 확실한데도 불구하고, 초판 1쇄를 발행한 이후로 여전히 증쇄하지 않고 있다면, 적극적인 증거 수집을 해야 한다.

저작권법의 위배에 대한 고소나 손해 배상 청구는 오직 당사자인 저작자만이 할 수 있기 때문에 저작자가 나서서 적극적으로 증거 수집을 하는 수밖에 없다. 다행히 최근에 문예학술저작권협회와 같은 곳에 회원으로 가입하면 저작자를 대신해서 이런 증거 수집과 시장 관찰을 대행해 주기도 한다.

문제는 증거 수집을 마치고 나서다. 여전히 출판사가 아닌 인쇄소의 실수라고 주장하는 출판사도 있을 것이다. 저작권 관련 문의 게시판을 보면 이런 사정을 호소하는 저작자들의 글을 가끔 보게 된다. 그런데 인쇄소의 실수라는 것은 말이 되지 않는다. 인쇄할 필름 자체를 출판사에서 넘겨주는 것이기 때문이다. 전적으로 출판사에 책임이 있는 것인데, 출판 과정을 잘 모르는 저작자를 속이는 것이다. 인쇄소의 단순한 실수라고 발뺌하는 출판사의 말을 믿지 말고 적극적으로 손해 배상을 청구할 일이다.

해적판을 발견했을 때

저작자의 입장에서 불쾌한 일이기는 하지만, 인지가 첨부되지 않은 책을 발견한다든가, 저작자에게 통보한 판매부수와 다르게 증쇄를 한다든가 하는 경우가 있다. 또는 출판권이 없는 출판사에서 책을 펴내는 경우도 간혹 있다.

이 모든 것을 통틀어 '해적판'이라고 부를 수 있다. 해적처럼 저작자의 재산을 도둑질한다는 의미다.

이런 경우 저작자는 법원에 소송을 걸어 손해를 보상받을 수 있다. 2003년에 법이 개정되기 전에는 이 손해 규모를 출판물 5천 부, 음반 만 장으로 본다는 조항이 있었다. 대개 해적판이 나돌 정도면 몇만 부씩 팔리는 베스트셀러에 해당되는데 5천 부로 손해액을 한정한 것이 문제가 되었다. 게다가 출판물이나 음반이 아닌 사진 저작물이라든가 영상 저작물에는 이 조항을 적용할 수도 없었다.

2003년도에 저작권법이 개정되면서 '손해액의 인정'이라는 조항에 "법원은 손해가 발생한 사실은 인정되나 그 손해액을 산정하기 어려운 때에는 변론의 취지 및 증거조사의 결과를 참작하여 상당한 손해액을 인정할 수 있다."고 하였다. 이 조항의 뜻은 한마디로 손해 본 금액을 증거나 주장에 따라서 판사가 결정한다는 뜻이다. 따라서 해적판을 발견한 저작자나 출판사는 자신의 주장을 적극적으로 펼쳐야 하며, 그 주장을 입증할 증거들을 최대한 수집해야 한다.

이 법은 때로 저작자에게 불리하게 작용할 수도 있다. 예를 들어 출판사가 인지를 첨부하지 않은 도서를 착오로 100부 정도만 유통시켰다고 주장한다면, 저작자의 입장에서는 억울하기 짝이 없을 것이다. 오히려 법이 불공평하게 바뀌었다고 생각할 수도 있는 것이다.

증거를 수집하는 방법으로는 우선 출판사에 인쇄 내역과 판매 현황 근거 자료를 요구할 수 있다. 내용 증명으로 이 자료들의 사본을 보내달라고 요청하는 것이다. 이 자료들에는 출판사와 인쇄소가 주고받은 영수증, 또는 제본소와의 거래 영수증이 포함될 것이다.

다음으로 수사 기관의 도움을 받아 각 서점과 인쇄소 또는 제본소에 공문을 띄워 협조를 요청한다. 수사상의 필요에 의한 것이므로 자료를 제출하게 마련이며, 이 자료와 출판사 측 자료를 대조하여 증거를 확보할 수 있는 것이다.

발행부수와 판매부수를 숨기기도 한다

판과 쇄로 발행부수를 알 수가 없다면, 저작자는 어떻게 판매부수나 발행부수를 알 수 있을까? 간단하다. 출판사로 전화해서 발행 현황 자료 또는 판매 현황 자료를 달라고 하면 된다. 이것은 저작자의 권리이다. 저작자는 언제든지 발행 현황이나 판매 현황 관련 문서를 제출받을 권리가 있다.

단, 저작자가 아닌 일반 독자들이나 다른 출판사, 인쇄소와 같은 거래처에서는 절대로 이런 발행부수나 판매부수를 알 수가 없다. 출판사의 일급비밀로 취급되기 때문이다. 출판사에서 이것을 외부로 잘 알려주지도 않거니와, 출판 업계에서는 이것을 묻는 것을 실례로 알고 있다. 예외적으로 베스트셀러인 경우에는 언론을 통하여 판매부수를 공표하는 경우도 있기는 하다.

심지어 발행부수나 판매부수가 출판사 내부에서도 비밀로 취급되는 경우도 있다. 권한 있는 몇몇 사람을 제외하고는 진짜 판매부수를 알 수 없도록 하는 곳도 있다. 어떤 출판사는 오직 사장만이 진짜 판매부수를 알고 있는 경우도 있다.

사실 발행부수나 판매부수라는 정보는 출판사의 영업 실적, 이익과 직결되고, 저작자의 명예와도 관련이 있다. 그래서 될 수 있으면 비밀로 취급하려고 하는 것이다.

때로는 저작자에게마저 비밀로 취급하는 경우도 있다. 실제 판매부수의 일부만을 판매부수라고 속이는 경우가 바로 그것이다. 이런 경우에 저작자는 맥없이 당할 수밖에 없다. 출판사에서 근무하는 사람이 알려주지 않는 한은 제대로 알 길이 없기 때문이다.

간혹, 출판사에 근무했던 직원이 회사로부터 퇴사를 '당하고' 앙갚음을 하기 위해 내부 비리를 고발하는 경우가 있기는 하다. 그런 경우를 제외하고는 저작자에게 제출하는 판매 현황이 진실한 것인지를 알 길이 없다. 그래서 인지를 붙이기도 하지만, 속이려고 마음먹은 출판사한테는 당할 재간이 없다.

일부 출판사들도 저작자에게 판매 현황을 속여서 인세를 적게 지급함으로 인해서 손해 배상을 물고, 형사 처벌까지 받은 경우가 있다. 불행히도 이런 출판사가 아직 상당수 존재하는 것이 현실이다.

나는 한 출판 기획자가 "판매부수를 속인들 저작자들이 무슨 수로 알아낼 거야."라며 이야기하는 것을 들었다. 그는 퇴사당할 것 같은 위기감에서 내부 비리를 실토하였던 것이다.

책의 판매 부수를 어떻게 알 수 있을까?

서작자의 입장에서 책의 판매부수만큼 궁금한 것은 없다고 해도 과언이 아니다. 판매부수는 첫째로 독자들이 책에 얼마나 많은 관심을 보여주는지를 알려준다. 둘째로, 인세 계산의 근거가 된다.

이렇게 중요한 것이 판매부수임에도 불구하고, 출판사를 통하지 않고는 알 수 있는 방법이 없다. 일부 불성실한 출판사는 판매부수를 속이는 경우도 있다. 저작자가 판매부수 자료를 요구해도 이리저리 핑계를 대며 자료 공개를 미루기도 한다.

때로는 저작자가 오해하기도 한다. 저작자의 입장에서 보아 10만 부쯤 팔릴 것이라고 예상한 책이 의외로 만 부도 판매되지 않는 경우도 있을 수 있다. 인터넷의 발달이라든가, 소비 형태의 변화로 실제로 책이 잘 판매되지 않음에도 불구하고, 저작자가 믿어주지 않는다면 출판사의 입장에서도 답답할 수밖에 없다.

이렇게 판매부수를 믿지 못하게 된다고 할지라도, 그것을 알아낼 수 있는 방법이 없다. 법적인 절차를 거쳐서 영장을 청구하여 관련 서류를 압수하지 않는 한은 방법이 없는 것이다.

때로는 출판사가 거래하는 인쇄 업체나 물류 업체를 통해 정보를 수집하는 경우도 있기는 하다. 그러나 이렇게까지 하는 저작자는 거의 없으며, 대체로 그냥 출판사를 믿는 수밖에 없다. 한때 국내 초유의 베스트셀러가 된 책의 저작자는, 출판사가 제시하는 판매부수가 도무지 믿기지 않아서 아예 출판사를 차리기도 하였다. 또 어떤 저작자는 계약 기간을 3년 단위로 짧게 하여, 3년마다 출판사를 바꾸기도 한다.

감수비와 교정비

전문 도서라면, 저작자의 역량만으로 책의 내용의 정확성을 보장할 수 없는 경우가 있다. 이런 경우라면 해당 분야의 명성 있는 사람을 내세워 책의 내용을 검증하게 하는데, 이것을 '감수'라고 한다. 감수를 담당한 사람은 '감수자'이다.

원고의 맞춤법이나 문장을 검증하는 절차도 필요한데 이것을 '교정'이라고 한다. 교정을 담당한 사람을 '교정자'라고 부른다. 국내에는 교정만을 전문적으로 담당하는 전문 교정자들이 활동하고 있다.

이들 감수자나 교정자는 출판사로부터 소정의 수고비를 받는다. 감수비와 교정비가 그것이다. 이 수고비는 출판사가 감수자와 교정자의 능력이나 작업의 어려움을 고려해서 임의로 정하기 때문에 통일된 기준은 없다.

감수비는 전적으로 출판사의 책임이다. 책을 감수하고자 하는 것은 출판사가 책의 품질을 믿지 못하기 때문이고, 저작자를 신뢰하지 않기 때문이다. 그렇기 때문에 이런 모든 책임은 출판사에 귀속되는 것이 마땅하다.

교정비 또한 마찬가지다. 교정은 원칙적으로 출판사의 책임이다. 간혹 출판사 중에는 "교정은 저작자의 책임으로 하고, 거기에 소요되는 비용은 출판사와 협의할 수 있다."는 조항을 넣어 두고, 이 조항에 근거하여 저작자에게 교정비를 물리는 경우가 있다. 그러나 저자의 교정 책임이라는 것은 최종적인 문구나 문맥의 교정을 의미하는 것이지, 문법적인 교정까지 의미하는 것은 아니다. 문법적인 교정에 들어가는 비용은 출판사가 지불하는 것이 마땅하다.

출판 이야기 14

기획을 훔치는 출판사, 글을 훔치는 저자

나는 출판 아이디어가 많은 편이다. 그러다 보니 기획안을 자주 쓰게 되고, 출판 제안을 많이 하게 된다. 그렇다고 해서 모든 기획안이 채택되는 것은 아니다. 때로는 계약으로까지 이어져서 원고를 쓰게 되는 경우도 있지만, 사장되는 기획안도 있다.

문제는 이렇게 기획안을 먼저 제출하는 경우이다. 한 번은 나의 기획안을 그대로 원용해서는 '편집부' 또는 'OO연구회'와 같은 유령 단체의 이름으로 책을 펴낸 출판사가 있었다. 그 출판사에 항의를 해 보았지만 할 테면 해보라는 식으로 나왔다.

또 어떤 출판사의 기획자는 아예 기획안을 자신의 기획인 양 보고하고, 다른 저자를 섭외하여 상사로부터 인정받는 경우도 있었다. 또 어떤 출판사는 나의 기획안을 원용하여 다수의 책을 동시에 펴내기도 하였다.

기획안과 같은 아이디어 자체는 저작권법의 보호 대상이 아니다. 그러다 보니 법적으로 보면 어떤 문제가 될 것도 없다. 그러나 도의적으로 그래서는 안 된다는 생각이다. 사실 원고를 쓰는 것보다 기획안을 내는 것이 더 가치 있고 어려운 일이다. 글을 쓰는 사람은 많아도, 어떤 글을 쓰면 좋을지를 찾아내는 능력을 지닌 사람은 적기 때문이다.

다행히 양심적인 출판사들도 있다. 한 출판사는 나의 원고가 채택되지 못했음을 알려오면서, 동시에 동일한 기획으로 책을 펴내게 되는 경우에 기획료를 별도로 지급하겠다는 약속을 하였다. 나는 이런 양심적인 출판사가 대다수일 것으로 아직은 믿고 싶다.

반면에 문제 저자들도 있다. 저자라고 부르기도 뭐하지만, 인터넷에서 남의 글을 가져다가 자신의 글인 것처럼 출판 제안을 하는 저자들이 있다. 또는 남의 글 여러 개를 짜서 맞춘 다음에 자신의 글처럼 발표하는 이도 있다.

이런 경우에 원저자가 판매 금지 가처분을 신청하면, 출판사는 앉은 자리에서 엄청난 손해를 본다. 그동안 제작에 들어간 비용은 물론이고, 책을 회수하는 비용까지 들이게 된다. 또한 출판사의 명성에도 먹칠을 하게 된다.

저자이고 출판사이고 간에 기본적인 도의를 갖추었으면 한다. 법적으로 문제가 없다고 해서 도덕적으로도 떳떳한 것은 아니다. 또한 법적으로까지 문제가 될 정도가 되면 서로에게 큰 손해를 끼치게 된다는 것을 명심해야 한다.

16. 출판 계약의 해지와 갱신

출판 계약서를 분실했다면

 출판 계약을 맺고서 계약서를 잊어버릴 수도 있다. 이럴 때에는 저작자에게 매우 불리한 상황이 전개될 수 있다. 계약서에 수록된 내용을 입증할 수 없기 때문이다.

 원칙적으로 계약서는 2부를 작성해서 저작자와 출판사가 한 부씩 보관하게 된다. 출판사에 계약서 한 본이 따로 남아 있을 것이다. 그러므로 출판사에 계약서 사본을 요구하는 것도 좋은 방법이 될 수 있다. 사본에는 저작자의 서명이 들어가 있을 것이므로 사본 자체도 법률적 효력을 지니게 된다. 이 사본을 들고 공증인을 통해서 원본과 다름이 없음을 공증받아두는 것도 좋은 방법이다.

 만약 사본마저 구할 수 없다면, 계약이 만료되는 시점을 기다려 다시 계약하는 수밖에 없다. 특약이 없는 한 계약 기간은 3년으로 한다는 법률 조항에 따라서, 책이 발행된 후 3년이 지나면 다시 계약을 할 수 있다.

출판 계약을 해지하는 방법

출판사가 발행부수나 판매부수를 속인다면, 저작자는 언제든지 출판사의 불법 행위에 근거하여 출판 계약을 해지할 수 있다. 그렇지만 제대로 절차를 따르지 않으면 출판권 침해가 될 수도 있으므로 주의해서 해지하여야 한다.

일단은 인쇄 내역과 판매 현황 자료를 요구해야 한다. 판매 현황 자료를 열람할 권리가 저작자에게 있으므로 당당하게 요구하면 된다. 자료를 요구할 때에는 내용증명으로 하는 것이 좋고, 자료를 제출할 시한을 정해 두어야 한다. 해당 시한까지 자료를 제출하지 않거나, 실제와 다른 자료를 제출한다면 계약을 해지할 근거가 생기는 셈이다.

그런 다음 해당 출판사에 계약 해지를 통보하는 문서를 내용 증명으로 보낸다. 출판 계약은 명백한 잘못이 있는 경우에 일방적으로 해지할 수 있다. 일단 계약 해지 통보 문서를 보낸 후에는 다른 출판사와 출판 계약을 맺을 수 있다.

일부 출판사는 이렇게 타 출판사와 계약을 맺은 후에도 출판을 방해하기도 하는데, 이럴 때에는 '업무방해죄'로 고소할 수도 있다.

계약 만료일 이전에 반드시 계약 해지를 통보할 것

만약 출판사가 저작자의 생각만큼 책에 대한 관심을 기울이지 않는다면, 저작자는 출판사를 바꾸고 싶을 것이다. 저작자에게 일방적으로 불리한 계약을 체결했을 때에도 마찬가지다.

그렇다고 해서 계약 기간 중간에 마음대로 계약을 종료할 수 있는 것은 아니다. 출판사 측의 명백한 잘못이 없는 한, 계약은 유효하다. 저작자는 계약이 만료되는 시점까지 기다리는 수밖에 없다.

출판 계약은 대부분은 3년이나 5년 또는 10년을 기한으로 설정한다. 즉, 출판권을 출판사에 양도하는 기간을 계약서에 정해 놓는 것이다. 이 기간이 지나면 출판 계약은 원칙적으로 자동적으로 만료되는 것이 원칙이다.

그러나 출판 계약서 대부분에는 "기한이 만료되기 3개월 전에 문서에 의한 통보가 없으면 계약은 자동으로 연장되는 것으로 한다."와 같은 문구가 삽입되어 있다.

이런 계약 조항이 거의 예외 없이 존재하기 때문에, 계약을 종료하고 다른 출판사와 새 계약을 맺을 생각이라면, 사전에 서면으로 계약 해지를 통보하는 것을 잊지 말아야 한다.

출판사가 책을 더 이상 인쇄하지 않겠다고 할 때

출판사가 판단하기에 책으로 더 이상 수익을 낼 수 없게 된다면, 출판사는 책의 인쇄를 중단하게 된다. 즉, 출판을 계속할 의사가 없다는 통고를 받거나, 저작자의 문의로 그런 답변을 받았다면 저작자는 계약의 해지를 통고할 수 있다. 이때 통고는 내용증명으로 하여 확실한 문서로 남겨두어야 한다.

이때, 재고 처리 문제가 생긴다. 출판사에 책의 재고가 남아 있는 경우를 대비해서 출판사는 계약 해지와는 상관없이 재고가 없어질 때까지 판매할 수 있다는 조항을 출판 계약서에 넣어 둔다. 만약, 이런 조항이 없다고 하여도 관행상 그런 식으로 재고를 털게 된다.

출판사가 인세를 지급해 주지 않을 때

출판사가 인세를 제대로 지급하지 않는다면 저작자는 인세를 지급해 주도록 내용 증명 문서로 먼저 통고해야 한다. 계속해서 인세를 지급하지 않으면 법원에 '판매 금지 가처분' 신청을 할 수 있다.

만약, 출판사가 판매 금지 가처분까지 무시하고 계속 판매를 강행한다면 저작권법 위반으로 민사상 소송이나 형사상 고소를 할 수 있다.

출판 계약을 맺은 상태에서 원고가 나빠 출판을 못하겠다고 한다면

완성된 원고를 '완고'라고 한다. 완고를 가지고 출판 계약을 맺었다면 문제가 없겠으나, 원고가 완성되지 않은 상태에서 출판 계약을 맺은 경우에 흔히 발생하는 문제가 있다.

대개 완고가 완성되지 않은 상태에서 출판 계약을 맺을 때에는 간단한 기획서, 목차 그리고 약 10쪽 정도 또는 한 꼭지(주제) 분량의 견본 원고를 요구하게 된다. 출판사는 이것을 근거로 하여 출판 여부를 결정하고 출판 계약을 맺게 된다. 일종의 기획 출판인 셈이다.

그런데 막상 완고를 받아 보면, 출판사가 처음 예상했던 수준의 원고와는 동떨어진 경우가 왕왕 있다고 한다. 이런 경우에 출판사는 저작자에게 보강해 줄 것을 요청하는 경우가 대부분이다. 또는 다른 도서 계약으로 갈음하는 경우도 종종 있기는 하다. 그것도 불가능해 보이면 출판사는 계약을 해제하자고 요청해 올 것이다.

계약을 해제한다는 것은 애초부터 계약을 없었던 것으로 하자는 것이다. 계약을 맺지 않은 것처럼 하는 것이다.

보강을 할 수 있다면 좋겠지만, 그렇지 않고 계약을 해제하게 되는 경우라면 어떻게 될까? 저작자의 입장에서는 그동안 들인 노력이 있는데 일방적으로 계약이 해제된다면 손해를 보게 되는 셈이다.

그러므로 출판사는 저작자의 입장을 고려해서 계약금을 포기하고, 저작자 또한 출판사의 입장을 고려해서 해당 출판사를 통한 출판을 포기하는 식으로 해결하게 된다. 이런 방식이 가장 일반적인 경우이며 법적으로도 타당하다.

저작자의 입장에서야 여간 속상한 일이 아니겠지만, 어쩔 수 없는 일이다. 원고의 질을 따지고 들어오는 상황에서 자존심은 상하겠지만, 강제로라도 출판시킬 수도 없는 일이다.

이럴 때에는 기분 좋게 계약을 해제하고, 계약금을 돌려주지 않는 것으로 손해를 대신할 수밖에 없다. 다행히 저작자에게는 여전히 원고가 남아 있을 것이므로, 그 원고를 보충하여 다른 출판사와 다시 출판 계약을 맺을 수 있다.

계약 기간까지 원고를 써 주지 못한다면?

계약을 작성한 쌍방은 신의와 성실이라는 원칙을 지켜야 한다. 그러나 저작자의 입장에서 원고를 기한 내에 제출한다는 것은 여간 어려운 일이 아니다. 실제로 납기를 정확히 지키는 경우는 열 중에 하나나 둘이라고 하는 이야기가 있을 정도다. 대부분의 저작자가 납기를 지키지 못한다.

저작 작업 자체가 창의적인 일이다보니 기계적으로 일이 진행되지 않는다. 출판사들도 이런 점을 잘 알고 있다. 미리 사전에 통보만 해 준다면 원고가 들어올 때까지 한두 달 정도는 기다려 준다. 관용 있는 출판사는 반 년까지 기다리기도 하고, 심지어 일 년이 넘게 원고를 기다려주는 출판사도 있다. 대개 이런 경우 저작자도 기다려 준 출판사에 대한 감사의 말 정도를 머리말에 남겨 두게 마련이다.

그럼에도 불구하고, 원고가 계속 늦어진다면 출판사 측에서 먼저 계약을 해제하자고 통보해 올 것이다. 대개 이런 경우에는 내용증명 문서로 통보를 해온다. 이때에 저작자는 계약금을 반환하거나, 위약금까지 물어 주어야 하는 경우도 있다.

만약, 상당히 원고를 진행한 상태에서 다소 납기가 늦어졌다는 이유로 일방적으로 계약 해제를 통보해 오는 경우도 있을 수 있다. 이런 경우에는 사정을 설명하고 출판사와 원만히 협의하는 것이 최선이다. 그렇지 않은 경우에는 저작권심의조정위원회나 법원을 통해서 잘잘못을 따져야 한다.

어찌 되었든 출판사가 계약 해제를 통보해 오면 어떻게 대응할 것인지를 빨리 결정하여 행동을 취해야 한다. 저작자는 출판사와 원만히 협의하여 계약을 지속하기로 약속하거나, 계약을 해제하여 계약금을 반환하거나, 그것도 아니면 법적인 판결을 구해야 한다.

어느 경우든지 모든 진행 상황은 상호 서명이 담긴 문서로 남겨둘 것이며, 그것이 힘들다면 내용증명 우편을 이용할 일이다.

저작자가 먼저 계약 해제를 하게 된다면

저작자의 사정으로 출판 계약을 해제해야 할 때도 있다. 원칙적으로 출판사와 원만히 합의를 하는 것이 좋다.

만약 출판사 측이 계약 해제를 원하지 않는다면, 일방적으로 해제하는 수밖에 없다. 이때에는 계약 해제의 책임이 저작자에게 있다. 먼저 내용증명 우편을 통해서 계약 해제 사실을 통보하여야 한다. 그리고 계약금을 반환한다. 만약 계약서에 위약금에 관한 조항이 있다면 그 조항에 따라서 위약금도 물어주어야 한다.

혹시 출판사가 손해 배상을 별도로 청구할 수도 있지만, 대개는 계약금을 반환하거나, 위약금까지 물어주는 선에서 해제할 수 있다.

> **출판 이야기 15**
>
> ## 불가근불가원
>
> "너무 멀리 하지도, 너무 가까이 하지도 말라"는 말이 있다. 저작자와 출판사 측 관계자 간에 적합한 말인 것 같다. 출판사 측 관계자와 지나치게 가까이 지내면 굳이 알지 않아도 될 일을 알게 되는 경우가 있다. 출판사 내부의 문제점이라든가, 업무상의 어려움을 하소연해올 때가 많다.
>
> 그러면 저작자는 참 곤란한 상황을 겪을 수 있다. 그렇게 어렵고 힘들어하면서 해오는 부탁을 거절하기가 어렵기 때문이다. 또, 출판사 측에 뭔가를 강력히 주장하거나 항의해야 하는 경우에도, 인간적인 관계로 깊이 엮여 있어서 부담스러운 경우가 많다. 그렇다고 해서 너무 매몰차게 사무적인 관계로만 유지할 필요도 없다.
>
> 결론적으로 공과 사를 명백히 구분할 수 있을 정도에서 서로의 관계를 조정하면 된다.

내 책을 출판하는 방법

지은이 • 박진수
펴낸이 • 조승식
펴낸곳 • 도서출판 이치
출판등록 • 제 9-128호
주소 • 142-877 서울시 강북구 수유2동 258-20
www.bookshill.com
E-mail • bookswin@unitel.co.kr
대표전화 • 02-994-0583
팩시밀리 • 02-994-0073

2006년 12월 20일 1판 1쇄 인쇄
2006년 12월 25일 1판 1쇄 발행

값 12,000원

ISBN 89-91215-56-4

※ 잘못된 책은 구입하신 서점에서 바꿔 드립니다.
이 도서는 도서출판 북스힐에서 기획하여 도서출판 이치에서
출판된 책으로 도서출판 북스힐에서 공급합니다.
142-877 서울시 강북구 수유2동 258-20
전화 • 02-994-0071 팩스 • 02-994-0073